SISI, SEX UND SEMMELKNÖDEL

Omar Khir Alanam:
Sisi, Sex und Semmelknödel
Alle Rechte vorbehalten
© 2020 edition a, Wien
www.edition-a.at

Cover und Gestaltung: Isabella Starowicz
Redaktion und Lektorat: Thomas Schrems

Gesetzt in der Premiera
Gedruckt in Deutschland

3   4   5   6   —   23   22   21   20

ISBN 978-3-99001-381-6

Omar Khir Alanam

SISI, SEX UND SEMMELKNÖDEL

Ein Araber ergründet die österreichische Seele

edition a

Für meinen Freund, den Journalisten. Nicht den syrischen. Den österreichischen. Und für alle, die gerne lachen.

Inhalt

Das Fest des Huhnes
9

**Bei uns – oder:
Wie ich den Staatsapparat
(fast) zu Fall gebracht habe**
51

Kreativität ist ...?
81

**Alt+0235
Der Buchstabe des Gesetzes**
93

Naël und der Kanonendonner
133

**Maurino & die schlaue Frau,
die mit dem Fuß des Esels spinnt**
145

**Warum der Araber bei
Bio zu lachen beginnt**
173

**Kultur & Sex:
Der Blick ins Paradies**
195

**Tradition:
Fluch und Segen
der lieben Familie**
231

**Klischee oder Wahrheit:
Wissen Sie es?**
261

Das Fest des Huhnes

Als ich begonnen habe, an diesem Buch zu arbeiten und Erstaunliches aus dem Alltag hier in Österreich zusammenzutragen, habe ich einem Freund von meinem Plan erzählt. Diesen Freund kann man auf den ersten Blick als väterlich bezeichnen. Weil er fast doppelt so alt ist wie ich. Weil er vorne schon einen Fünfer trägt. Und weil er nicht wie andere seines Alters, die es unbedingt nochmal wissen und bei ihren viel jüngeren Zweit- und Drittfrauen gut ankommen wollen, ständig in schwarzen Converse mit weißen Schuhbändern herumläuft.

Trotzdem – und das soll jetzt bitte nicht respektlos klingen aus dem Mund des 28 Jahre jungen Mannes, der ich bin – ist er erstaunlich frisch im Kopf. Ich meine frisch im Sinne von jugendlich erfrischend. Er beklagt sich nicht ständig, ist kein bisschen resignativ und somit untypisch österreichisch. Ja, verglichen mit vielen meiner Altersgenossen oder einem gewissen, auch nicht viel älteren Spitzenpolitiker hier im Land, zu dem sie seiner konservativen Haltung wegen auch gerne »der alte Mann mit dem jungen Gesicht« sagen, ist mein Freund im Kopf ein richtiger Dénischer. Ohne dass deswegen seine Hormone ständig verrücktspielen. Ein Dénischer?

Ya-ilahi. Oh, mein Gott. Diese verdammte deutsche Sprache mit ihren Hürden und Mauern und Zungenbrechern. Auch nach fünf Jahren legt sie immer noch ihre Schlingen nach mir aus. Dagegen ist perfekt Arabisch zu lernen das reinste Kinderspiel. Ob Sie es glauben oder nicht. Obwohl, Dénischer ist ja gar kein echtes Deutsch, sondern eines dieser vielen gestohlenen Worte. Trotzdem muss auch ich wie schon andere vor mir sagen:

Das Leben ist zu kurz, um Deutsch zu lernen.

Das sagt ein arabisches Sprichwort. Manche behaupten ja, es stammt von Mark Twain. Oder Oscar Wilde. Oder Voltaire. Vielleicht aber auch von einem Deutschen selbst. Vielleicht Goethe? Das posten jedenfalls Syrer, die gerade Deutsch lernen. Dann gibt es wieder welche, ebenfalls Syrer, die dieselbe Weisheit mit einem Foto von Adolf Hitler ins Netz stellen. Kein Österreicher oder Deutscher würde das wagen. Doch das Geschichtsbild der Syrer ist ohnehin ein anderes, als man es sich hier vorstellen kann: Denn in den Schulbüchern, die Diktator Assad freigibt, wird behauptet, Hitler habe im Ersten Weltkrieg die Gräueltaten der Juden miterlebt, und darum habe er sein Volk später vor ihnen schützen wollen. Dass er in Wahrheit sechs Millionen Juden grausam ermorden ließ, habe ich – ob Sie es glauben oder nicht – tatsächlich erst in Österreich erfahren.

So oder so. Das Leben ist definitiv zu kurz, um Deutsch zu lernen.

Dénischer liest sich in der hochdeutschen Schriftsprache übrigens so: Teenager. Mein Freund lächelt immer, wenn ich mit meiner nach wie vor etwas zu harten Aussprache darüber stolpere. Aber so sehr ich mich auch bemühe, wenn ich es eilig habe beim Reden (und das haben wir Araber praktisch immer), kommt am Ende des Tages, wie es so schön heißt, bei Teenager Dénischer heraus.

Derselbe kopfjunge Freund hat eines Tages übrigens zu mir gesagt, er wolle ab sofort keine neuen Menschen mehr kennenlernen. Er kenne ohnehin schon viel zu viele. Durch seinen Beruf und das Leben und überhaupt.

Inzwischen kenne ich ja auch den Begriff, mit dem man hierzulande gerne alles Mögliche zudeckt. Oder verschleiert. Vor allem die Unsicherheit. Man macht das hier mit dem Schmäh. In so einem Fall sagt der Araber dann: Zwei Drittel des Scherzes sind ernst gemeint.

Ob Schmäh sprachgeschichtlich etwas mit Schmähung zu tun hat, weiß ich nicht. Ebenso wenig, wie hoch der Prozentanteil Schmäh war bei der Aussage meines Freundes. Was ich weiß, ist, dass einem der Schmäh in diesem Land ausgehen kann wie anderen die Milch fürs Frühstück oder der Safran für ein arabisches Kabse, das beliebte Reisgericht mit jeder Menge Gewürzen, von Kardamom über Zimt und Muskat bis hin zu Safran, und natürlich mit Pinienkernen und Mandeln und Lammfleisch. Oder Huhn. Und, was ich ebenfalls erfahren habe: Derselbe Schmäh, der den Menschen plötzlich ausgeht, kann genauso gut plötzlich rennen. Wohin oder vor wem davon, weiß ich jedoch nicht.

Was soll's. Ich kann nicht alles wissen. Aber, keine neuen Menschen mehr kennenlernen wollen?

Niemals. Zur Sicherheit, Schmäh hin, Schmäh her, habe ich gegen die Behauptung meines Freundes sofort protestiert. Weil ich als gebürtiger Syrer am liebsten mit jedem und überall zu plaudern anfange. Wenn es sein muss, sogar auf der Herrentoilette.

Andererseits weiß ich inzwischen, dass systematisches Nicht-Reden auch eine Art von Kommunikation ist. Gerade hier in Europa. Da brauche ich nur an Menschen in U-Bahnen oder Aufzügen zu denken. Wenn sie in diese Leere starren, in die man eben sonst nur starrt, wenn man auf der Herrentoilette steht und in das geschmacklose Muster von Fliesen aus den Siebzigerjahren blickt und darüber staunt, welch seltsame Sprüche oder Ausrufe es als Graffiti ins Jahr 2020 geschafft haben. Man steht da so mit den anderen Namenlosen und macht sein Ding und blickt bloß nicht hin, wo man eben nicht hinblickt. Weil man da nicht hinblickt!

Aber bleiben wir bei dem Plan, von dem ich meinem Freund zu erzählen begonnen habe. »Ich schreibe ein neues Buch«, sage ich. »Über die ersten fünf Jahre in meiner neuen Heimat. Über den Zusammensturz der Kulturen.«

»Meinst du Clash of Cultures?«, fragt er.

Ich nicke.

»Dann heißt es Stoß. Zusammenstoß der Kulturen, Omar.«

Ya-iIlahi. Schon wieder. Was für eine ewige Herausforderung. Stoß. Sturz. Ist das denn nicht dasselbe? Oder führt nicht das eine zum anderen? Wer gestoßen wird, kann schließlich stürzen. Nur bei Diktator al-Assad bin ich mir da nicht so sicher.

Ich überlege, was und wie viel ich meinem Freund erzählen soll. Immerhin ist es bloß eine Idee. Sie leuchtet zwar schon grell auf in meinem Kopf wie eine Traube gelber Datteln hoch oben auf einer Oasenpalme inmitten der syrischen Wüste (wobei ich gestehen muss: Im Gegensatz zu meinem weitgereisten Freund, der schon die eine oder andere Wüste dieser Welt gesehen und auch viele Wochen dort verbracht hat, kenne ich die Wüste gar nicht. Sie soll jedoch, heißt es, wunderschön sein).

Aber wir waren bei der Idee und den Datteln. Ja, so verführerisch die Früchte auch herunterleuchten, in diesem Zustand sind sie einfach noch nicht reif. Und mein Freund (so jedenfalls stelle ich mir seinen Job vor) ist so etwas wie ein Verwerter von noch nicht ganz reifen Ideen. Eine Art freilaufende Reifemaschine. Ein kreativer Dattelpflücker mit Weitblick. Auch wenn er sich meiner Ideen bestimmt nicht bedienen würde. Aber prinzipiell.

Außerdem ist es doch so: Fliegen Ideen erstmal durch die Luft, greift rasch ein anderer nach ihnen. Ideen machen Geräusche wie auch der Wind Geräusche macht. Und wie der Wüstenwind ein loses Sandkorn hochhebt und verweht, so hebt auch der Wind der Sprache eine lose

Idee hoch und verweht sie. Er trägt sie von da nach dort, von einem Ohr zum nächsten. Da gibt es dieses arabische Sprichwort, das auch für die guten, aber noch nicht verwerteten Ideen gilt. Dieses Sprichwort nämlich:
Der frühe Vogel fängt den Wurm.

Alena lacht mich bestimmt aus, wenn sie das liest. Ich kann es hören, wie sie dann mit diesem gewissen Blick als Begleitung sagt: »Omar, das mit dem Wurm kommt aus dem Englischen. Und zwar so was von fix.«

»Niemals«, werde ich rufen und standhaft bleiben. Weil Sprichwörter das sind: mehrheitlich arabisch. Nein, ausschließlich arabisch. Allein schon, weil es so viele gibt. Für alles. Araber baden in Sprichwörtern. Sie betreiben mit ihnen eine Art Hammam für die Seele. Das, was hier Wellness heißt, und meist nur für unverschämt viel Geld zu haben ist.

Wenn das mein Vater in der alten Heimat wüsste! Das mit Wellness und den Preisen. Er würde ins Telefon brüllen, ob ich jetzt endgültig den Verstand verloren habe durch zu viel Einatmen europäischer Luft. So eine Menge Geld zum Fenster hinauszuwerfen! Für etwas, das ein echter Araber (der ich ja anscheinend nicht mehr bin, wird er brüllen) erstens nicht freiwillig tun würde und zweitens (wenn es unbedingt sein muss) gratis bekommt, weil er es sich von der syrischen Sonne schenken lässt. Schwitzen.

Ja, Wellness, oder etwas internationaler Spa, ist auch so ein Thema, auf das ich bei meinen Recherchen und

Überlegungen gestoßen bin. Ich habe bemerkt, wie wichtig es hier ist. Und welche Rituale damit verbunden sind. Also habe ich es auch ausprobiert. Ein Albtraum, kann ich Ihnen sagen. Und ich meine damit am allerwenigsten die staubtrockene Hitze in einer finnischen Sauna.

Doch fürs Erste zurück zu meinem Freund. Wie viel soll ich ihm verraten? Ich platze vor Lust, mich mitzuteilen. Andererseits ist er ein … hhmm … und wiederum andererseits weiß ich, dass er eine besondere Qualität besitzt, die ihn von vielen Menschen auf der ganzen Welt aus den unterschiedlichsten Kulturen unterscheidet. Zusammenbruch hin, Zusammenstoß her. Diese Qualität:

Er kann tatsächlich den Mund halten.

Alena, die so wunderbare steirische Frau, die ich vor bald vier Jahren in Graz lieben gelernt habe und die mir, nein: die uns inzwischen einen Sohn geschenkt hat, der so wunderbar ist wie sie selbst, hat gesagt: Das Wort für die Qualität meines Freundes heiße vertrauenswürdig.

Alena und ich lebten in wilder Ehe zusammen. So nennt man das hier. Ein Araber kann mit diesem Begriff nichts anfangen. Natürlich, in einer Ehe kann es schon mal wild zugehen. Aber eine Ehe kann nicht per Definition wild sein. Entweder Ehe. Oder keine Ehe. Was bedeutete nun so eine wilde Ehe für mich? Ich habe das auf meine Art gelöst. Indem ich Alena – ziemlich zu Beginn unserer Liebesbeziehung – gefragt habe:

»Alena, möchtest du mich heiraten?«

Alena hat sich riesig gefreut und sofort Ja gesagt. Also haben wir es amtlich gemacht. Auf un-österreichische Weise. Wir haben unser Versprechen (mit zwei Freunden als Zeugen) auf ein Stück Papier geschrieben, das wir bei uns tragen. So sind wir Mann und Frau geworden. Auch ohne Trauschein. Für uns und vor uns bestand diese Ehe. Soll die Gesellschaft dazu doch sagen, was sie will. Ich jedenfalls sagte:

»Alena ist meine Frau«. Und diese meine Frau sagte: »Dein Freund ist vertrauenswürdig.«

Sie hatte b recht. Vertrauenswürdig. Das trifft es. Dabei ist genau das umso erstaunlicher, wenn ich an seinen Beruf denke. Und an seine Vergangenheit. Weil ich mit genau solchen Menschen ganz andere Erfahrungen gemacht habe. In meiner alten Heimat.

Aber alles schön der Reihe nach.

»In meinem ersten Buch«, sage ich also zu meinem vertrauenswürdigen Freund, »habe ich mich bei den Menschen hier bedankt. Dass sie mich aufgenommen haben. Und akzeptiert. Dass sie mir nach meiner Flucht aus Syrien eine neue Heimat geschenkt haben. Darum hat das Buch auch so geheißen: *Danke*.«

Mein Freund weiß das natürlich längst. Er hält sich auch nicht gerne auf mit Dingen, die vorbei und nicht mehr zu ändern sind. Darum sagt er etwas ungeduldig: »Ja, ja, Omar. Ich weiß, ich weiß ... blablabla ... das ist eh super, aber: Das hatten wir alles schon. Aber dein zweites Buch. Worum dreht es sich? Hast du schon erste Szenen? Zeigst du sie mir? Was ist der rote Faden? Was ist der Plot? Die Kernaussage? Wie lautet der Titel? Raus mit der Sprache!«

Raus mit der Sprache.

Das habe ich hier schon öfters gehört. Anfangs habe ich gedacht, es heißt so viel wie: Halt den Mund. Oder: Besser, du sagst jetzt nichts mehr. Weil es Sprachen gibt, wo das Wort Sprache zugleich auch Zunge bedeutet. Zum Beispiel im Russischen.

ЯЗЫК

Angeblich spricht man das so aus: Jiasík. Mit Betonung auf dem zweiten i. Hoffentlich ist das nicht wieder so eine Falle wie der Dénischer. Egal. Sprache = Zunge also. Und ich komme aus einem Land, wo sie dir die Sprache = Zunge auch schon mal flott und unbürokratisch rausschneiden in einem der vielen Geheimdienstkeller. Einfach, weil es gerade lustig ist. Weil sie besonders gut oder besonders schlecht drauf sind. Weil den Männern in ihren billigen Klamotten danach ist. Weil du nicht laut genug »Lang lebe Bashar al-Assad!« geschrien hast, während sie auf dich einprügeln. Oder weil sie der Meinung sind, dass es vorbeugend besser so ist. Noch dazu bei Menschen, die wie ich gerne mit einem Buch in der Hand durch die Straßen von Damaskus laufen und schon allein deshalb sehr verdächtig sind. Also hat »Raus mit der Sprache« für mich einen etwas schalen Beigeschmack. Vor allem, weil es gut sein kann, dass du plötzlich gar nichts mehr schmeckst.

Heute weiß ich es besser. Österreich ist da ein Land der Seligen. Europa ist da eine Insel der Seligen. Meistens jedenfalls. Niemand will dir hier an die Zunge, wenn er so etwas sagt. Auch wenn die Zunge oft die Hebamme allen Unheils ist. Dazu gibt es auch ein Hadith (das ist so eine Art mündliche Betriebsanleitung für den Koran, Aufzeichnungen, die das Wirken des Propheten Mohammed belegen): *Da heißt es, die meisten Fehler des Menschen würden seiner Zunge wegen entstehen. Wer an Allah glaube, solle entweder Gutes sprechen oder für immer schweigen.*

Aber diese deutsche Sprache! Allein der Konjunktiv. Da weißt du nie, was die Leute wirklich wollen. Allein schon dieser Satz, den die allzu sehr Gestressten von sich geben, wenn sie von einem Termin zum nächsten hetzen, dazwischen dreimal einkaufen laufen, völlig abgekämpft und viel zu spät zum Treffen mit dir erscheinen, bei der Vorspeise ihre Mails checken und auch sonst noch hundert Mal aufs Handy starren. Und dann, noch vor dem Dessert, aufspringen, nach der Jacke greifen, weil sie fast den Friseurtermin vergessen hätten, und sich mit einem tiefen Stöhnen und diesen Worten verabschieden.

Ich hätte gerne etwas mehr Zeit für mich.

Hätte. Ja, was denn jetzt? Willst du mehr Zeit für dich oder willst du nicht?

Viel schlimmer jedoch ist der Konjunktiv im Gasthaus, wenn der Kellner sagt: »Na, der Herr? Was hätten wir denn gerne?«

Was soll denn das heißen? Außerdem: Warum wir? Hat er nicht nur mich gefragt? Immerhin sitze ich alleine am Tisch. Oder sagt er wir, weil er hofft, dass ich auswähle, was er am liebsten mag, damit er mitessen kann?

Hätte, hätte, Fahrradkette, sagt man da angeblich. Auch so eine Redewendung, die mir nicht in den Kopf will. Eines von den guten alten arabischen Sprichwörtern kann es jedenfalls nicht sein. Oder bestenfalls in einer sehr, sehr schlechten Übersetzung.

»Du sagst das«, sagte Alena, »wenn du eine Fehlentscheidung nicht mehr rückgängig machen kannst. Oder etwas nur in deinem Wunschdenken möglich ist.«

Wunschdenken auf Arabisch sieht anders aus. Aber bleiben wir noch bei meinem Freund. Der lässt nämlich nicht locker.

»Na, was ist, Omar? Raus mit der Sprache!« Du meine Güte. Der redet auf einmal so viel und so schnell wie ein Araber, habe ich in diesem Moment gedacht. Dabei ist er doch Österreicher. So wie ich mittlerweile auch. Auf eine gewisse Art.

Aber, bin ich das denn wirklich? Wer bin ich, nach fünf Jahren hier und nicht mehr dort?

Meinem Freund ist das jetzt gerade ziemlich egal. Er überschüttet mich mit Fragen. Alles will er wissen zu meinem neuen Buch. Einfach alles. Man könnte sagen: Er gießt seine Neugierde über mir aus, dass sie zu schäumen beginnt. Wie wenn ein Araber die Teekanne beim Ausschenken gekonnt hoch in die Luft zieht, einen Meter oder so, sodass sich der Chai aus immer größerer Höhe ins Glas ergießt. Natürlich, ohne dass ein einziger Tropfen daneben geht.

Das Ergebnis?

Ein fantastisches Getränk, das für Freundschaft und Wärme und Herzlichkeit steht. Natürlich ohne Milch. Weil Milch und schwarzer Tee – das geht gar nicht. Dafür aber muss er aus hochwertigem schwarzem Tee gebraut sein. Je hochwertiger, desto besser. Also kein Teesack. Nein. Es heißt ja Teesackerl. Oder Beutel. Egal. Angereichert mit frischer Minze sollte er sein. Oder mit einer Kardamomkapsel ganz zum Schluss. Und mit ganz, ganz viel Zucker. Das alles ergibt am Ende, im Glas, den perfekten Schaum und den göttlichen Geschmack.

Mmhhmm.

Genau so, denke ich mir, schäumt die Neugierde meines Freundes. Kein Wunder, überlege ich weiter. Neugierde ist sein zweiter Vorname. Er atmet sie den ganzen Tag. Neugierde ist sein Sauerstoff und Treibstoff. Neugierde wärmt ihm das Blut wie anderen Menschen die Lust auf Abenteuer. Oder die Freude am Anblick einer wunderschönen Frau. Das muss ich jetzt sagen. Als gebürtiger Araber. Klischees verpflichten.

Kein Wunder, sage ich still zu mir, dass er fast platzt vor Neugierde. Er ist ja auch Journalist. Und trotzdem (wie hat Alena gesagt?) vertrauenswürdig.

»Das Buch heißt Sisi, Sex und Semmelknödel«, sage ich.

Glauben Sie mir: Es tut gut, Menschen, die behaupten, niemand Neuen mehr treffen zu wollen, weil sie alles dutzendfach gesehen und gehört haben, plötzlich riesengroße Augen machen zu sehen. Augen, so groß wie ein Fladenbrot, das du frisch aus dem Ofen holst. Oder das du, wie es die Beduinen machen, aus der Glut ausgräbst, ein paar Mal kräftig an deiner staubigen Djellaba abklopfst, so dass alle beide wieder sauber sind – der Kapuzenmantel und das Brot. Und fertig.

Weil: Die Augen meines Freundes haben, als ich ihm den Titel verraten habe, nicht nur ordentlich an Größe zugelegt, sondern auch geglüht. Und in ihnen, den Augen, ist da so ein Fragezeichen aufgetaucht. Riesengroß. Das hätte locker von Graz bis nach Damaskus geblinkt. Damaskus. Meine alte Heimatstadt in Syrien. Oder besser gesagt: die große Schwester meiner Heimatstadt Ost-Ghuta.

Kennen Sie Ost-Ghuta?

Vermutlich nicht persönlich. Eher aus den Nachrichten. Ost-Ghuta, das ist dort, wo Bashar al-Assad am liebsten seine Bomben auf das eigene Volk fallen lässt. Aber darum geht es jetzt gerade nicht.

Jetzt gerade geht es um das neue Buch. *Sisi, Sex und Semmelknödel*. Und um die wie feinster arabischer Tee schäumende Neugierde meines österreichischen Freundes, als ich ihm auch den Untertitel verrate:

Ein Araber ergründet die österreichische Seele.

»Alles Gute dabei«, ruft er spontan und tut, als wollte er gehen. Doch dann fängt sich mein neugieriger Journalisten-Freund wieder, und sagt:

»Omar, wenn du wissen willst, wie wir sind, nein: wie wir auch sind, und wie auch du bald sein wirst, ob du willst oder nicht, na ja, vielleicht, dann musst du dir einen Film ansehen. Klapp deinen verdammten Laptop auf!«

Einen Film? Zeigt er mir jetzt, dass Andreas Gabalier seine Lederhose nicht mehr auszieht, weil er darin festgewachsen ist? Oder einen alten Sisi-Film? Warum die Menschen zu so einem alten Film auch Schinken sagen, werde ich wohl niemals begreifen. Was haben Schweineschenkel mit alten Filmen zu tun? Oder sagen sie das nur, weil sie uns Moslems ein bisschen ärgern wollen? Wobei ich schon sagen muss: Als ich Sisi (den Film) zum ersten Mal sah, dachte ich instinktiv: Was da geschieht, ist schon sehr seltsam. Aber doch auf eine gewisse Weise durch und durch arabisch. Ich komme noch darauf zurück.

Was für einen Film also? Außerdem ... was soll das überhaupt heißen?

Wie du auch bald sein wirst.

Als ich erstmals österreichischen Boden betrat und begonnen habe, ganz vorsichtig und ziemlich ängstlich Fuß zu fassen, war erstmal das hier angesagt: das große Staunen. Österreich war mir bis dahin kein Begriff gewesen. Nein, ich zählte vielmehr zu denen, über die man hier so gerne lacht: Menschen nämlich, die darunter Australien verstehen. Ein echter Klassiker also.

Österreich kam in meiner syrischen Welt überhaupt nur in einem einzigen Wort vor. Sie haben es erraten: in einem Sprichwort.

Kol o ensa – rou a nemsa.

Ein Reim aus meiner Kindheit, der übersetzt so viel bedeutet wie: Iss und vergiss. Und geh nach Österreich. Nemsa. So lautet bekanntlich das arabische Wort für Österreich.

Alenas Mama Ruth meinte, die deutsche Entsprechung könnte diese sein: Friss oder stirb! Das wäre jedoch wenig schmeichelhaft für Österreich, weil es dann ein Ort wäre, den du besser meidest und stattdessen lieber alles runterschluckst, was so daherkommt. Nein, dieses Bild gefällt mir gar nicht. Weil das Gegenteil der Fall ist. Und man merkt hier, wie sanft die arabische Sprache im Vergleich zur deutschen ist. Dennoch schreibe ich auf Deutsch.

Jedenfalls bekamen meine Freunde und ich diesen Reim immer dann zu hören, wenn es uns nicht gut ging. Oder wir aus irgendeinem Grund beleidigt waren. Oder unzufrieden. Die tiefere Bedeutung habe ich bis heute nicht begriffen. Vielleicht gibt es ja auch gar keine. Wie das bei Redensarten oder Sprichwörtern schon mal vorkommt. Oder weil wir die Hintergründe nicht kennen und die Worte einfach nur nachplappern.

Ganz anders bei Deutschland. Auch wenn ich bis zu meinem ersten Tag in Österreich nicht ein einziges Wort Deutsch gekonnt oder auch nur je zuvor gehört hatte – Deutschland, ja, das stand für etwas. Schon damals. Deutschland, Almanya, war und ist in Syrien der Inbegriff für Technik. Für Präzision. Für Maschinen. Dazu zählt in der Wahrnehmung der Syrer allerdings auch ein sehr übles Gerät: der deutsche Stuhl. Ein Folterinstrument aus beweglichen Teilen, mit dem der Körper von Gefangenen überdehnt wird, was häufig auch dazu führt, dass den Opfern irgendwann die Wirbelsäule gebrochen wird. Geflohene Nazischergen sollen dieses Teufelsgerät seinerzeit nach Syrien gebracht und dort populär gemacht haben.

Aber bleiben wir lieber bei jener deutschen Technik, die zurecht mit Ruhm bedacht wird. Autos zum Beispiel. Darum muss ich auch immer lachen, wenn ich einen aus der syrischen Community hier in Österreich am Steuer eines Wagens sehe. Des eigenen Wagens. Egal wie klapprig oder schrottreif die Kiste auch sein mag. Der ganze syrische Stolz einer gedemütigten, unterdrückten und von Krieg geschlagenen Nation sitzt da hinterm Lenkrad. Weil diese alte, klapprige Kiste dafür steht, was viele Araber (aber auch Menschen vom Balkan und aus der Türkei) mit Glück verbinden. Mit Wohlstand. Damit, es auch

in der Fremde geschafft zu haben. Hauptsache, dass der Wagen einen dieser drei bis ins ferne Arabien klingenden Namen trägt:
Audi.
BMW.
Mercedes.

Glück ist eine Oase, die zu erreichen nur träumenden Kamelen gelingt, besagt eine alte Beduinenweisheit. Und die zweibeinigen syrischen Kamele träumen eben von einem deutschen Auto als Schlüssel zum Glück. Egal, ob es hinten beim Auspuff rausqualmt wie aus dem Rauchfang einer Dampflokomotive in der Jarmukschlucht, damals, als es in Syrien noch ein richtiges Eisenbahnnetz gab, bevor es zerbombt wurde. Egal, ob in der ersten eigenen Wohnung nichts außer einer Matratze zu finden ist (und vielleicht noch ein riesengroßer Flatscreen-Fernseher, der den ganzen Tag läuft, oft genug auch nur, damit er sich selbst zuhören kann, weil sonst niemand zu Hause ist). Egal, ob der Kühlschrank gähnend leer ist. Hauptsache Auto, Hauptsache deutsch. Hauptsache, mit einem der drei großen Namen.

Aber Nemsa?

Interessant ist, dass Österreich (das habe ich mal in einem Bericht über zwei Salzburger, die in Algerien von Fundamentalisten entführt worden waren, gelesen) das einzige Land der westlichen Hemisphäre ist, für das es ein eigenes arabisches Wort gibt. Also eines, das nicht hergeleitet ist. Hier würde man sagen: eingedeutscht. Oder eingearabischt. Nemsa ist jedoch ein echtes, gewachsenes, arabisches Wort. Das habe, hieß es in dem Artikel, vor allem historische Gründe. Ein Nemsawi zu sein, würde jedenfalls – im Fall des Falles – von Vorteil sein. Wobei ich aus heutiger Erfahrung ergänzen möchte: Es kann auch ein Vorteil sein, ein Nemsawi zu sein, ohne dass man sich deshalb gleich entführen lassen muss.

Für mich jedoch war Nemsa damals ein völlig unbeschriebenes Blatt. Ein weißes Blatt Papier. Das große Schreckgespenst vieler Schriftsteller. Einfach sehr weiß und sehr leer. Dafür aber mit sehr viel Platz für das große Staunen. Und gestaunt habe ich auch, als ich hierher kam. Als zum Beispiel ein Landsmann, der mit mir geflohen war, vor meinen Augen zu einem Polizisten im Burgenland hingegangen ist und ihn um eine Zigarette gebeten hat. Rotzfrech, sagt man da, oder? Das war keine zehn Minuten, nachdem wir per Schlepper-Sammeltaxi in Österreich gelandet und aufgegriffen worden waren. Und dann sah ich, wie der Polizist ihm auch noch die gewünschte Zigarette gegeben hat. Und Feuer obendrein. Einfach so!

Probieren Sie das mal in Syrien. Oh nein. Probieren Sie es lieber nicht. Und schon gar nicht an einem Tag, an dem der Polizist womöglich mit seiner Frau gestritten hat. Oder bloß die Oliven beim Frühstück nicht den perfekten Reifegrad hatten. Das allein kann dein Leben entscheidend verändern. Weil da nicht das Feuer für die Zigarette deinen Tag erhellt, sondern es im Gegenteil ganz schnell finster werden kann. So finster wie in einem der tausenden Kerker der syrischen Staatsgewalt. Finster wie eine tiefschwarze arabische Nacht draußen in der Wüste. Ohne Lichtverschmutzung. Aber auch ohne Sternenhimmel.

Ja, mein großes Staunen hat tatsächlich schon auf den allerersten Metern nach der Grenze angefangen. Im bitterkalten November 2014. Das war noch einige Monate vor der großen Wir-schaffen-das-Welle. Damals, nahe der ungarisch-burgenländischen Grenze, haben wir noch zu zweit gestaunt. Der Polizist mit der Zigarette hat gestaunt, als er gleich nach meinem rotzfrechen Landsmann mich gesehen hat mit meinen hauchdünnen Sommerschuhen, in denen ich ohne Socken steckte. Und ich habe gestaunt, weil ich das Gefühl hatte, bei Alice im Wunderland gelandet zu sein. Also doch ein Hauch von Australien. Irgendwie.

Das Staunen des Beamten hat sich vermutlich rasch wieder gelegt. Weil er bald danach ganz sicher jede Menge Menschen gesehen hat, die ähnlich luftig unterwegs waren wie ich. Mein Staunen hingegen sollte aus tausendundeinem Grund anhalten. Bis zum heutigen Tage.

Wenn es mich wieder mal so richtig gepackt hat mit dem Nicht-verstehen-Wollen oder Können, dann stellte ich mir Fragen nach meiner Identität, und genau dann –

wenn ich zum Beispiel in unserer kuschelig warmen Küche in Graz wieder mal anstatt zu Olivenöl zu steirischem Kürbiskernöl griff oder ich den Araber in mir auf andere Weise verwirrte – genau dann trat Alena mit ihrem treffsicheren weiblichen Instinkt auf den Plan. Punktgenau. Sie ertappte mich auf frischer Tat auf dem Höhepunkt meiner Identitätsverwirrung. Und sie stellte sich vor mich hin und sagte:

»Omar, wenn du so weitermachst, bist du bald ein gelernter Österreicher.«

Bin ich das?

Wikipedia hat ja für so gut wie alles einen Eintrag. Gelernter Österreicher findet sich dort natürlich auch. Da heißt es: Menschen mit besonderem Insiderwissen über Land, Leute und Gepflogenheiten. Sie gelten, lese ich weiter, als Kenner der Verhältnisse, sozial, politisch und so weiter.

Was auch immer das bedeuten mag.

Was auch auf Wikipedia steht, ist: Das Ganze ist ironisch gemeint. Oder selbstironisch. Je nachdem, wie lustig die Leute anderen oder sich selbst gegenüber aufgelegt sind. Und der Begriff, erfahre ich darüber hinaus, geht auf die Zeit des Schriftstellers Franz Grillparzer zurück. Ein Zeitgenosse von Johann Nestroy also, auf den ich auch schon gestoßen bin und der mir eine wunderbare Semmel-Geschichte geschenkt hat. Ich werde davon berichten. Damals, zu Grillparzers Zeiten, sagte man jedenfalls noch: geübter Österreicher. Später dann machte ein gewisser Friedrich Torberg den gelernten daraus.

»Torberg«, sagt Alenas Mama Ruth, »war einer der besonders scharfzüngigen Schriftsteller des 20. Jahrhunderts. Es gibt da dieses berühmte Buch von ihm, die Tante Jolesch, und darin diesen einen ganz besonders berühmten Ausspruch, den jeder kennt. Zumindest jeder, der auch weiß, wer Friedrich Torberg war.«

»Welchen Spruch, Ruth?«

Ruth sieht mich mit ihren direkten Augen an. Das war das Erste, was mir damals an ihr aufgefallen war, als ich sie als Alenas Mama kennenlernen durfte und zugleich furchtbare Angst hatte, sie könnte ein Problem mit mir haben. Einfach, weil ich Araber und Asylwerber war. Ruths direkte Augen. Ihr Blick, der anderen Blicken niemals ausweicht. Ihre so unglaublich ruhige Stimme. Ihr schönes, schwarzes, glänzendes Haar, das sie gerne auch mal zu einer Palme hochgebunden trägt. Ich, Omar, war für sie von Anfang an der junge Mann (und nicht einfach nur der Flüchtling), der in ihre Tochter verliebt war. Und sie, Ruth, war für mich von Anfang an die Frau, die in die Ruhe verliebt ist.

Jetzt bin ich es, der sie aus direkten Augen ansieht. »Also, welchen Spruch, Ruth?«

»Was ein Mann schöner ist wie ein Aff', ist ein Luxus.«

Muss ich das verstehen? Noch dazu, wenn ich gerade in den Spiegel blicke und an meinem gelockten Haar zupfe und mir überlege, was ich an mir zum Positiven verändern könnte?

Was ich verstehe, ist: Dieser Torberg liegt zwar (sagt mein Freund, der Journalist) auf dem ziemlich verwahrlosten Teil des alten jüdischen Friedhofs auf dem Zentralfriedhof in Wien, war und ist in den Herzen der Menschen aber immer noch eine große Nummer. Obwohl sich keiner um sein Grab schert. Und, was ich noch verstehe, ist: Gelernter Österreicher zu sein, hat viel mit Tradition zu tun. Tradition ist wichtig. Wie gut, denke ich, dass ich instinktiv die Kaiserin Sisi für den Titel meines zweiten Buches gewählt habe.

Alena setzte aber noch eins drauf. Weil von ihr lernte ich: Bist du, so wie ich, ein Zugezogener (Alena sagt, es heißt: Zuagrasta), und nennt man dich eines Tages, nachdem du eine bestimmte Reife im Hier-Sein erlangt hast, einen gelernten Österreicher, dann ist es vorbei mit Ironie oder Selbstironie. Dann ist der gelernte Österreicher plötzlich eine Auszeichnung.

Da soll sich einer auskennen.

Wir. Ihr. Zuagrast. Gelernt. Gewachsen. Das alles verwirrt mich mehr, als es mir hilft: Wer ist denn schon irgendetwas ganz und das andere gar nicht? Alena, zum Beispiel, ist Grazerin. Behauptet sie. Aber sie ist es nicht ganz. Weil geboren ist sie im Burgenland, und nach Graz kam sie erst, als sie schon ein paar Tage auf der Welt war. Und dann wieder gibt es den kleinen Josef. Er ist der

Sohn eines Syrers, den ich schon lange kenne, und in Graz geboren. Trotzdem darf Josef sich nicht Grazer nennen. Weil seine Eltern beide keine sind. Wer ist nun was? Lässt sich das überhaupt bestimmen?

Und so plagt mich die Frage, wie es nach fünf Jahren mit mir aussieht, nur noch mehr.

»Was bin ich?«

»Da hat es einmal so eine Quizsendung gegeben«, sagt Ruth auf meine Frage. »Die hat genauso geheißen: Was bin ich? Das heitere Beruferaten. Sehr beliebt. Wir, die etwas älteren Semester, kennen das alle. Da gab es ein Schwein, in das bei jeder falschen Antwort Geld geworfen wurde. Nein, kein echtes Schwein, Omar. Ein Sparschwein.«

Alena verdreht die Augen und lacht. Und ich sitze nur noch wackeliger zwischen den beiden Sesseln der Kulturen und rutsche mit meinen Pobacken hin und her. Mal mehr in die eine, mal mehr in die andere Richtung. Mal mehr auf dem Sessel mit den vier Kamelbeinen (genau genommen sind es ja Dromedare, weil die arabischen nur einen Höcker haben). Dann wieder sitze ich mehr auf dem österreichischen Sessel, auf dem mit den vier Haustierpfoten. Ob Hunde oder Katzen oder Hasen. Egal, Hauptsache Klischee und Clash of Cultures.

»Was bin ich?«, frage ich Alena und Ruth ein zweites Mal. »Nach fünf Jahren zwischen den Kulturen?«

Bin ich das überhaupt, überlege ich still, während ich auf Antwort warte. Bin ich wirklich zwischen den Kulturen? Bin ich auf dem Weg von der einen zur anderen? Was trennt sie? Was verbindet sie? Sind das Arabische und das Westliche, wie es so schön heißt, Morgenland und Abendland, tatsächlich auf Crashkurs, wie ich oft zu hören bekomme? Weil es gar nicht anders geht? Statt Clash ein Crash of Cultures sozusagen?

»Du bist ein austro-arabischer Hybrid«, sagt Ruth.

»Du bist nicht Fisch und nicht Fleisch«, sagt Alena.

Dann lachen Mutter und Tochter aus ganzem Herzen.

Nicht Fisch und nicht Fleisch.

Ja, etwas Ähnliches kenne ich auch. Wir Araber (oder doch schon: Wir Österreicher?) lieben ja die Sprichwörter. Habe ich das schon erwähnt? Ja, wir lieben sie. Mehr als ihr. Mehr als wir.

Wir lieben Sprichwörter mehr als wir.

Das ist Blödsinn. Ihr. Wir. Was weiß denn ich. Jedenfalls haben (wir oder die) Araber wirklich für alles ein Sprichwort. Immer und überall. Und natürlich haben wir (oder sie) bei so gut wie keinem eine Ahnung, wo es herkommt und was es früher einmal bedeutet hat. Ach, das habe ich auch schon erwähnt?

»Das ist bei uns auch nicht anders«, sagt Alena. Alena hat es gut: Sie kann das einfach so sagen: bei uns.

Aber ich?

Und schon bin ich mittendrin gelandet. Bei uns. Das ist auch so eine Geschichte, die mich beschäftigt hat und die sofort als Stichwort in mein Notizbuch hineingesprungen ist, als ich angefangen habe, an *Sisi, Sex und Semmelknödel* zu denken. Eine Geschichte, die mich auch jetzt, nach Erscheinen des Buches, weiter beschäftigt. Ja, (Achtung, österreichischer Konjunktiv!!!) ich würde sogar sagen: mehr als je zuvor.

Würde. Sage ich es nun oder sage ich es nicht?

»Das«, sagt Alena, »verbindet unsere Kulturen auch.«

»Was?«, frage ich.

»Die Vielfalt und zugleich Ahnungslosigkeit.«

Damit kann ich leben. Weil es wirklich verbindet.

Alle Menschen sind klug, die einen vorher, die anderen nachher. Nur wenn es darauf ankommt, ist jeder dumm.

Genau. Auch arabisch. Damit müssen Sie leben, liebe Leserinnen und Leser. Mit meinen Sprichwörtern. Alena musste es auch. Aber wir einigen uns darauf: Ja, die/wir Araber haben für wirklich alles das passende Sprichwort. Und: Nein, sie/wir haben zumeist keine Ahnung, woher die Sprichwörter stammen und was sie ursprünglich bedeutet haben. Ach, das habe ich auch schon erwähnt?

»Ja, hast du«, sagt Alena. Alena, das ist übrigens auch jene Frau in meinem Leben, über die ich in meinem ersten Buch *Danke* geschrieben habe:

»Was ich weiß, hier in Graz, was ich gelernt ... habe, sind auch diese Worte eines Schriftstellers: Wenn du einen Flüchtling liebst, versuche das letzte Zelt für ihn zu sein. Das ist Heimat. Und ich weiß, dass ich eine Frau gefunden habe, die für mich das letzte Gedicht war. Ist. Die mir Heimat ist. Und ich weiß: Ich bin angekommen. Ich darf eine Stimme haben für die tausenden, die keine mehr haben.«

Alena ist nicht das einzige, aber sie war mein stärkstes Bindeglied zwischen den Kulturen. Eine Art Kupplung. Das Schöne daran ist: Auch Alena macht oft Augen groß wie ein Fladenbrot und frisch aus der Glut. Das bringt die Begegnung der beiden Kulturen, denen wir entstammen, einfach mit sich.

Ist das nicht wunderbar?

Und noch etwas habe ich in *Danke* geschrieben. Zum Thema Kultur.

»Kultur ... ist etwas, das fast überall drinsteckt. Oder sollte. Im Körper. Im Geist. Im Verhalten. In der Kreativität. Im Boden eines Ackers. Ganz egal. Kultur ist Kraft. Zwei verschiedene Kulturen sind zwei verschiedene Kräfte. Wir können sie verwenden, um einander damit zu beschimpfen. Auszugrenzen. Zu hassen. Zu beschießen. Und zu töten. Oder wir können sie zu einer gemeinsamen Kraft bündeln. Wie einen Lichtstrahl, der aus vielen dünnen zu einem dicken wird und auf einen kleinen Mann auf einer Bühne fällt, der seine Beine nicht spürt.«

Dieser kleine Mann, der in dem Text seine Beine (vor Aufregung) nicht spürt, war ich. Damals. Bei meinem ersten Poetry Slam. Hier, in Österreich. Vor drei Jahren.

Aber: Jetzt ist Schluss mit den alten Geschichten. Wenn ich anfange, von mir selbst abzuschreiben, bin ich nicht besser als ein Politiker, der seine Doktorarbeit abschreibt oder sie sogar schreiben lässt und später in Brüssel als EU-Kommissar groß Karriere macht, sage ich mir. Soll ja schon vorgekommen sein. Dabei denke ich an meinen neugierigen Freund, der mich bestimmt schimpfen würde. Weil ich mich selbst zitiere und dabei alte Hüte aufwärme.

Sagt man das so? Alte Hüte aufwärmen? Warum wärmen Menschen ihre Hüte auf? Noch dazu alte?

Ich denke darüber nach und komme bald auf einen braunen Zweig. Nein, der Zweig ist grün. Vielleicht, sage ich mir, hat es ja mit dem Wetter hier zu tun. Ich würde es verstehen, wenn Menschen ihre Hüte aufwärmen und danach, wenn sie ofenwarm wie ein Fladenbrot sind, über den Kopf stülpen. Bis hinunter über die Ohren. Einfach, damit ihnen die Gedanken nicht einfrieren. Wie sonst sollen sie diese Kälte aushalten? Brrrrrrrrr.

Und dafür nehmen sie eben lieber alte Hüte her. Das leuchtet mir ein. Weil es bei alten Hüten ziemlich egal ist, wenn etwas schiefläuft und sie beim Aufwärmen auseinanderfallen. Oder sich verkriechen. Oder sich zusammenziehen, bis sie sooo klein sind. Wie wenn ein Mann in eiskaltes Wasser springt und dann nackt an sich hinabsieht und entdeckt, dass ER... na, Sie wissen schon. Sooo klein, wie man IHN auf der Herrentoilette nicht zu Gesicht bekommt. Weil man lieber in eine Fliesenwand starrt und schweigt. Und dem Hut, sage ich mir, geht es auch nicht besser. Kein Wunder. Bei den Temperaturen.

Apropos Hut: Ist der Hut, den Andreas Gabalier auf der Bühne trägt, auch so ein alter? Trägt Gabalier überhaupt Hut, wenn er singt? Oder singt er alte Hüte? Singt Gabalier überhaupt?

Ich weiß es nicht. Über Geschmack lässt sich ja nicht streiten, sagen wir Araber. Die Araber. Daran muss ich wohl noch arbeiten auf meinem Weg zum gelernten Österreicher. Ich muss gewisse Wissenslücken auffüllen wie der Zahnarzt einen hohlen Zahn. Was ich weiß, ist: Gabalier macht es auch mit dem Terminator. Der mit dieser besonders lustigen Variante des ohnehin schon lustigen steirischen Dialekts. Arnie rufen sie ihn hier. Ja, Arnie und der Gabalier. Das ist noch gar nicht so lange her. Mai, 2019. »Pump it up«, heißt der Titel, hab ich gelesen. Der ... Song? Ein Duett jedenfalls. Oder sollte man besser sagen: Duell?

Wie auch immer. Das Ganze fügt sich nahtlos ein in die Reihe jener vielen Dinge hier, in Österreich, die mich ratlos zurücklassen. Und wo ich dann zu Alena ging, sie in den Arm nahm und sagte:

»Erklärst du es mir, bitte?«

Alena sagte nicht immer zu allem etwas. Bei Gabalier und Arnie zum Beispiel lächelte sie nur still und sehr rätselhaft. Aber sie klärte mich, einmal mehr, über etwas anderes auf. Darüber, was es mit den alten Hüten auf sich hat. Und mit dem Aufwärmen von alten Geschichten. Wie es richtig heißt. Bei uns.

Ya-illahi. Diese deutsche Sprache. Alena ist es übrigens auch zu verdanken, dass ich gelernt habe, meine Winterjacke zuzumachen. Reißverschlüsse an Jacken haben in Syrien meist nur dekorativen Charakter. Sie sind eine Möglichkeit, die du wahrnimmst. Oder nicht.

Wie das Bezahlen von Steuern. Oder das Beantragen einer Steuernummer (mit der man hier, wie ich höre, fast schon geboren wird). In Syrien und anderen arabischen Ländern ist all das nichts weiter als eine Möglichkeit. Eine von vielen kreativen Chancen, dein Leben in die eine oder andere Richtung zu lenken. Nicht einmal eine dringende Empfehlung. Aber, wie gesagt: Alles schön der Reihe nach. Wir waren ja hier stehengeblieben:

Bei uns.

Und bei dem Film, den mir mein neugieriger Freund ans Herz legt. Nein, nicht ans Herz legt. Er besteht darauf, dass wir ihn uns ansehen.

»Das ist Kult, Omar« sagt er.

Die Kultur in Österreich liegt mir. Warum nicht auch etwas, das hier Kult ist? Also folge ich artig und klappe den Laptop auf.

Es beginnt mit fröhlicher Musik aus einer Panflöte, dazu sehr rhythmische Trommelklänge wie aus dem afrikanischen Busch. Dann sehe ich ein erstes Insert in fetten gelben Buchstaben: Fremde Länder, fremde Sitten. (Dabei fällt mir als integrierter Halb-Österreicher spontan ein, was die Männer hier gerne sagen, wenn sie auf

Herrenurlaub unterwegs sind: Fremde Länder, fremde Titten – aber bleiben wir doch lieber bei dem Film):

Denn gleich danach folgt schon die Kernbotschaft: Kayonga Kagame zeigt uns die Welt. Zu sehen ist ein schwarzafrikanischer Filmemacher, der seine Kamera auf der Schulter trägt und sich mit einem angespannten Lächeln langsam von einer Seite zur anderen dreht. So, als würde er gerade filmen und dabei staunen.

Wo bin ich hier gelandet?

Eine Sekunde danach weiß ich es, denn der zweiteilige Titel des Filmes wird nach und nach eingeblendet:

Erster Teil: Das unberührte und rätselhafte Oberösterreich.

Zweiter Teil: Das Fest des Huhnes.

Mein Freund, der Journalist, lacht bereits das erste Mal, und ich habe keine Ahnung warum. Natürlich werde ich Ihnen jetzt nicht den ganzen Film nacherzählen. Den finden Sie jederzeit über Google. Er stammt aus dem Jahr 1992, ist also nur ein Jahr kürzer auf der Welt als ich es bin.

Aber für alle, die ihn nicht kennen, ein paar Worte, worum es da geht: Afrikanische Forschungsreisende haben sich ins Herz von Europa aufgemacht, um für diese bei den Afrikanern scheinbar sehr beliebte Sendereihe das ursprüngliche Leben der Alpenstämme zu ergründen.

Man habe bei der Abreise aus Kinshasa, heißt es, keine allzu großen Erwartungen gehabt. Erstens, weil die allermeisten Stämme (wie zum Beispiel Salzburger und Tiroler) weltbekannt und darum längst erforscht seien. Zweitens, weil man bei ähnlichen Reisen nach Asien oder Amerika erkannt habe, dass ein übergroßes Interesse der übrigen Welt die traditionellen Stammessitten zerstöre.

Die Mission der filmenden Ethnologen lautet: Sofort Kontakt mit Eingeborenen aufnehmen und herausfinden, welchem Aberglauben sie anhängen. Tatsächlich gelingt es dem Forscherteam nach anfänglichen Schwierigkeiten, vier eingeborene Brüder als Träger der Ausrüstung und kundige Führer durchs Land zu gewinnen.

Diese Brüder heißen Himmelfreundpointner. Was für ein Name. Rudolf, Sepp, Karl und Franz Himmelfreundpointner.

Die Bilder sind bunt, die Vielfalt der Themen des Filmes ist es auch: rituelle Tänze; ein als Blockhütte verkleidetes Boot; Menschen beim Kartenspielen (Schnapsen); Frauen, die goldene Hauben tragen; Männer, die in Tracht auf und ab springen und sich dabei mit der flachen Hand abwechselnd auf Oberschenkel und Schuhsohlen schlagen (Alena sagt, das heißt schuhplatteln); Menschen, die scheinbar ziellos auf Fahrrädern durch die Gegend fahren, ohne von einem Ort zum anderen gelangen zu wollen; Menschen (vor allem Männer), die um die Wette trinken, nein: saufen; Menschen, die auf Biertischen stehen und schreien; Menschen, die massenweise Hühner essen. Und ein Mensch, der so ein Huhn (lebend) auf dem

Kopf trägt. Oder ist es ein Hahn? Und, ganz zum Schluss, auch noch ein sehr lustiger Tanz, wo mein Freund, der Journalist, begeistert ruft:

»Jö, der Vogerltanz!«

Er ist begeistert wie ein Kind, das zum ersten Mal ein Feuerwerk sieht. Obwohl er den Film bestimmt schon oft gesehen hat. Davon bin ich überzeugt. Am Ende, stellt sich heraus, ist die ganze bunte Vielfalt der Bilder diesem einen Gedanken untergeordnet: Dass man möglicherweise Zeuge geworden ist, wie in einem fernen Land eine neue Religion entsteht. Weil die Menschen sich von ihrem alten Gott abgewendet und einem neuen zugewendet haben.

Darum heißt es auch: *Das Fest des Huhnes*.

Die ganze Zeit über (55 Minuten lang) bin ich hin und her gerissen. Zwischen Lachen und Staunen. Zwischen Ungläubigkeit und Nachdenklichkeit. Ja, einiges davon habe ich auf gewisse Weise hier auch schon erlebt. Anderes wiederum erscheint mir so fremd und absurd, dass ich es nicht glauben kann. Nein, so ist das hier nicht. Deshalb kann ich selbst auch nie so werden. Auch nicht als der vorbildhafteste gelernte Österreicher, der frei herumläuft.

Wir klappen den Laptop wieder zu und mein Freund sieht mich forschend an.

»Nun?«

»Was ich zu dem Film sage?«

»Nein, das habe ich in deinem Gesicht gelesen. Außerdem hast du ständig den Mund offen gehabt beim Ansehen und deinen Senf dazugegeben. Worum es in dem Buch geht, will ich wissen. Im Detail.«

»Also gut«, sage ich nach einigem Zögern. »Da dreht es sich um Themen wie ... zum Beispiel das Sozialsystem.«

»Mir schlafen gerade die Füße ein.«

»Warum?«, frage ich. »Sitzt du schlecht?«

»Vor Langeweile, Omar. Sozialsystem. Schnarch. Gähn.«

»Okay«, sage ich rasch. »Gemeint ist mehr ... Sozialbetrug. Auch.«

»Schon besser. Aber ich gähne immer noch.«

»Okay, okay. Es geht – auch – um Prost ... Prosti ... Prostitu ... Prost, Prost, Prost ... verdammtes Zungenbrecher-Deutsch.«

»Prostitution?« Jetzt ist mein beinahe eingeschlafener Freund doch wieder hellwach.

»Ja«, sage ich und blicke vorsichtig in Alenas Richtung. Sie ist zu unserem inzwischen erwachten Sohn gegangen und ziemlich beschäftigt. Drüben im Wohnzimmer. Oder sie ist höflich genug, so zu tun, als wäre sie ziemlich beschäftigt. »Darum geht es auch«, sage ich etwas leiser. Jetzt flüstere ich fast schon. »Aber nicht um meine eigenen Erfahrungen damit. Die habe ich nämlich nicht.«

»Natürlich nicht!«, sagt mein Freund. »Was noch, Omar?«

(Dazu nur kurz: Sie hätten, liebe Leserinnen und Leser, den Gesichtsausdruck meines Freundes sehen sollen, als er »Natürlich nicht!« gesagt hat. Als würde ich die Unwahrheit sagen! Dabei fällt mir ein kleines Gedicht ein, das ich zum Thema Wahrheit einmal verfasst habe. Es trägt auch genau diesen Titel:

Wahrheit!!!

»Wenn die Armut ein Mann wäre,
hätte ich ihn getötet.« Ali bin Abi Talib
»Die Wahrheit ist ein Fluch.
Suchend nach ihr töten wir einander.«
»Wenn die Wahrheit ein Mann wäre,
hätte ich ihn getötet.«
Die Wahrheit ist weiblich!

»Was noch, Omar?«, fragt mein neugieriger Freund also.

»Essen.«

»Na, was denn sonst. Komm schon, Omar. Ich will einen echten Kracher hören. Einen Hammer.«

»Bürokratie und Bestechung.«

»Immerhin«, murrt mein Freund.

»Woher kommt das Wort?«, frage ich.

»Welches Wort? Immerhin?«

»Nein. Bürokratie. Kommt das von Büro?« Das würde passen, überlege ich. Wenn ich an die vielen Büros denke, die ich schon gesehen habe, ohne sie sehen zu wollen. Amtsstuben nennt man sie hier auch. Mit Stuben verbinde ich eher etwas Gemütliches. Bauernstube zum Beispiel. Oder so eine wie auf einer der Hütten beim Skifahren auf dem Nassfeld. Auch wenn Alena sagt, dass das bloß Folklore ist und nichts echtes Altes, nichts Traditionelles und Gewachsenes, und ich einmal mehr keine Ahnung habe, was sie damit meint.

»Bürokratie?« Mein Freund, der österreichische Journalist, weiß auch nicht so recht. Endlich einmal. *Al-hamdu li-Llāh.* Gott sei Dank. Nur die Vermutung spricht er aus, dass ich vielleicht gar nicht so weit daneben liege.

Einen Kracher will er also hören. Einen Hammer. Zum Thema Hammer fällt mir auch sofort etwas aus dem Arabischen ein. Aber ich hebe es mir auf. Für später.

Später werde ich übrigens auch auf Wikipedia nachlesen, was es mit der Bürokratie auf sich hat. Bürokratie, steht dort, ist die Herrschaft der Verwaltung. Irgendwann einmal, als Latein kurz davor war, sich von einer lebenden zur toten Sprache zu verabschieden, weil der Mensch ja immer schon dazu neigt, es zu übertreiben in seiner Gier nach immer weiter, immer schneller, immer höher, immer größer … irgendwann also, kurz vor dem Aussterben, hat der spätlateinische Wortstamm burra grober Wollstoff bedeutet.

Eines Tages (da waren die alten Römer nur noch eine kollektive Erinnerung) hat man es auf die Schreibtische bezogen, die mit diesem Stoff burra bezogen wurden. Und wieder später ist nur noch der Schreibtisch übriggeblieben. Das heißt, der Arbeitsplatz an sich. Der Ort, wo Dinge verwaltet werden. Hin und her geschoben und verwaltet und beschriftet und versteckt und wieder verwaltet, bis keiner sich mehr auskennt. Und dann hat irgendjemand in Frankreich die grandiose Idee gehabt, die griechische Nachsilbe -cratie dranzuhängen. Fertig war der künstliche französische Wortsalat.

Bureau-cratie.

Schreibstubenherrschaft. So hat man Bürokratie auch einmal in einem alten Lexikon beschrieben. Und irgendein Forscher wollte sogar durchsetzen, dass Bürokratie ganz neutral verstanden wird. Als Verwaltungskultur. Er ist kläglich gescheitert. Denn mit Kultur im positiven Sinn hat das ja kaum etwas zu tun. Oder sind wir Österreicher da anderer Meinung?

Wir Österreicher.

Ja, das passt wunderbar für mein Buch, sage ich mir. Genau dazu habe ich auch so viel zu berichten. Nach den ersten fünf Jahren hier in meiner neuen Heimat. Aber bleiben wir noch kurz beim Besprechen der Themen.

»Massage und Kabarett«, sage ich. »Dazu habe ich auch ein paar Geschichten.«

»Hhmmhh«, macht mein Freund.

»Genau. Und zum Beispiel auch von Sex. Und Haustieren.«

»Ah! Sex mit Haustieren!«, ruft mein Freund. Es ist, als hätte ich mit der Faust auf einen feuerroten Alarmknopf in seinem Gehirn geschlagen. Wie ein Reflex, der sich ja auch nicht so einfach abstellen lässt, ist seine Sensationslust plötzlich geweckt.

Alena hat dem Gespräch in der Küche unserer Wohnung in Graz bisher gar nicht oder nur am Rande zugehört. Bei Sex mit Haustieren ist jedoch Schluss mit Weghören. Sie kommt ziemlich eilig in den Raum, tritt an den Tisch. Dann sieht sie mich ein bisschen streng an.

»Nein, Omar, darüber schreibst du nicht, oder?«

»Ja, schon«, sage ich. »Ich schreibe über Sex. Ich schreibe über Haustiere. Aber nicht in Kombination.«

Darüber weiß ich wirklich nichts. Auch nicht aus meiner alten Heimat. Oder wenigstens kaum etwas. Obwohl auch das eines der vielen Klischees ist, denen ich hier schon begegnet bin, wenn es um Araber geht. Stichwort: Witze mit Kamelen (Dromedaren) und so. Und anderes aus zweiter und dritter Hand. Aber worüber ich berichten kann, sind unglaubliche Dinge, die ich selbst hier erlebt habe. In Österreich. Oder in der näheren Umgebung, mit österreichischer Beteiligung. Auch in punkto Sex. Oder Haustiere. Wirklich unglaubliche Dinge. Für einen Araber jedenfalls.

Als mein neugieriger Freund einigermaßen zufrieden gegangen ist, besprechen Alena und ich das noch recht grobe Konzept des Buches zum wiederholten Male. Es gibt unterschiedliche Zugänge. Wir sind ja auch Mann und Frau. Österreicherin und Araber.

»Idha ma qata fiha qaddum yiqta fiha l munshar«, sage ich.

Alena kann schon ein wenig Arabisch. Aber jetzt sieht sie mich doch aus ziemlich großen Fladenbrotaugen an.

»Alle Wege führen nach Damaskus«, übersetze ich.

»Nach Rom«, sagt Alena.

»Nein, Alena«, sage ich. »Soweit ich informiert bin, liegt Rom nicht in Syrien. Noch nicht.« Dann lachen wir beide und wechseln besser das Thema. Ich verschweige ihr, wie die korrekte Übersetzung gelautet hätte. Nämlich:

Was der Hammer nicht zerbricht, die Säge schneidet es.

Da ist er wieder, der Hammer. Es gibt eben Dinge, die besser nicht restlos ausdiskutiert werden. Das ist wie mit dem gemeinsamen Kochen. Auch da gibt es Grenzen. Wenn eine Erkenntnis alle Kulturen dieser Welt über alle Grenzen hinweg verbindet wie kaum eine andere, dann ist es diese hier:

Wo Mann und Frau gemeinsam am Herd stehen, herrscht Krieg.

Da werden Küchenblock und Kochinsel zum Schlachtfeld und der Raum dazwischen zum Schützengraben. Und Schützengräben sind in der Regel nicht der bevorzugte Aufenthaltsort eines Syrers, oder überhaupt eines Menschen, der vor dem Krieg aus seiner Heimat hat fliehen müssen. Außerdem schnitt Alena die Zwiebel nicht so, wie ich sie gerne hätte. Nein, wie ich sie unbedingt brauche, um perfekt syrisch kochen zu können. Syrisch, manchmal mit einem Hauch steirischen Einschlags. Oder mit anderen Nachlässigkeiten, die ich mir erst hier angewöhnt habe. Damit fängt es nämlich schon an. Also lautet unser Clash-of-Cultures-Kompromiss in der Küche so:

»Omar kocht sehr gut«, sagt Alena, wenn man sie danach fragt.

»Alena kocht sehr gut«, sage ich, wenn man mich danach fragt.

»Alenas Oma kocht bestimmt sehr gut«, sage ich, wenn man mich danach fragt.

Weil Alena und Ruth so sehr und kompromisslos von Omas Essen schwärmen. Und weil ich weiß, dass Oma sich immer so große Mühe gibt, wenn ich zu Gast bin, und sie auf meine schweinelose kulinarische Welt Rücksicht nimmt, als wäre es das Selbstverständlichste auf der Welt. Und das in der Großmacht Österreich. Nicht politisch (da hat es bestimmt bessere Zeiten gegeben, Stichwort Sisi und so), aber eine echte Großmacht im Verzehr von Schweinen.

Alenas Oma verzichtet auf alles Schweinische, wenn ich komme.

»Schweinisch sagt man nur bei Witzen«, sagt Alena. »Zum Beispiel bei Witzen, die von Sex mit Tieren handeln.«

Gut. Alenas Oma verzichtet auf Schwein. Dafür hat sie eine große, fast übermenschliche Mission zu erfüllen, was mich und die österreichische Küche betrifft. Vor allem in Sachen Semmelknödel. Ich möchte nicht allzu weit vorgreifen, aber dazu kann ich jetzt schon so viel sagen: Ziemlich beste Freunde werden wir nicht werden, der Semmelknödel und ich. Spinatknödel, ja. Aber Semmelknödel?

»Es heißt Semmelnknödeln«, sagt Ruth. »Und zwar dann, wenn mehr als eine Semmel verwendet wird und dabei mehr als ein Knödel herauskommt. Semmeln und Knödeln. Also Semmelnknödeln.

»Wer behauptet das?«, fragt Alena.

»Der Karl Valentin«, sagt Ruth.

Karl Valentin?

Dieses Rätsel kann ich nicht auch noch lösen. Niemals. Aber allein schon darum habe ich meine Not mit ihnen, den Semmel(n)knödel(n), ob man sie jetzt mit einem, zwei oder drei n schreibt: Weil ich niemals begreifen werde, warum Menschen sich die viele Arbeit antun, eine Masse aus steinhartem, gewürfeltem Weißbrot und Zwiebeln und Eiern und Petersilie und Mehl und Milch und sonst noch allerlei zu machen, um sie dann ziemlich achtlos einem toten Huhn hinten rein zu stopfen und das alles ins Rohr zu schieben. Und hinterher wird gejubelt, weil es gefülltes steirisches Brathendl gibt.

Was soll's.

Jedenfalls sage ich, wenn man mich fragt, wie es Alena und mir beim Kochen ging: »Es gibt dieses arabische

Sprichwort: Wenn zu viele kochen, wird das Gericht verderben.«

Und Alena sagt: »Es heißt: Zu viele Köche verderben den Brei. Und es ist ganz bestimmt nicht Arabisch.«

Und alle beide sagen wir auf die Frage, wie es uns beim Kochen ging: »Stell nicht so absurde Fragen, gemeinsam kochen wir nicht gut.«

Korrekt müsste der Satz lauten: »Stell nicht so absurde Fragen, gemeinsam kochen wir gar nicht.«

Willkommen, liebe Leserinnen und Leser, in meiner Nicht-Fisch-und-nicht-Fleisch-Welt. Willkommen in der Welt des waschechten Austro-Arab-Hybriden Omar Khir Alanam.

Bei uns – oder: Wie ich den Staatsapparat (fast) zu Fall gebracht habe

Von zweierlei möchte ich Ihnen jetzt erzählen: Einmal noch, was es mit dem Begriff »bei uns« wirklich auf sich hat, und dann von einer sehr seltsamen Begegnung rund um das Wort Konvention. Ich möchte davon sprechen, wie ich es (ohne es zu wollen, ich schwöre!) mit einer einfachen, einfärbigen Plastikhülle (so schwarz wie mein arabisches Haar) geschafft habe, den österreichischen Staatsapparat hinterlistig zu täuschen und beinahe zu Fall zu bringen. So jedenfalls hat man es mir erklärt. Ganz streng und amtlich.

»Bei uns« und Konvention gehören für mich untrennbar zusammen. Allein schon, weil sie die gemeinsame Klammer einer kleinen Reise bilden, die mich zu meinem um drei Jahre älteren Bruder in die Türkei geführt hat. Das war ungefähr vor einem Jahr. Und weil wir dort, Alena, mein Bruder und ich, genau darüber diskutiert haben. Was das nun bedeutet, wenn er oder ich oder Alena sagen:

Bei uns.

Aber zuvor noch rasch etwas zur Konvention. Konvention ist, wie ich finde, ein schönes Wort. Und ein einfaches Wort noch dazu, weil nicht ursprünglich deutsch, sondern nur aus dem toten Lateinischen ins lebendige Deutsche hereingeholt.

Convenire bedeutet ja so viel wie: zusammenkommen, sich treffen, versammeln, aber auch übereinkommen im Sinne einer Abmachung. Laut Wörterbuch hat Konvention im Deutschen zwei Grundbedeutungen. Die eine ist dem selbst ernannten syrischen Gott, Bashar al-Assad, ziemlich sicher nicht bekannt. Oder doch bekannt und so verhasst, dass er sie gleich aus dem gesamten Schriftverkehr im Land hat streichen lassen. Aus Büchern. Aus den Zeitungen sowieso. Weg und für immer gelöscht. Geheimdienstleute, die er mit dem großen Löschangriff beauftragen kann, hätte er ja genug. Nein. Es heißt: Hat er ja genug.

Diese Grundbedeutung von Konvention nämlich: Abkommen, völkerrechtlicher Vertrag.

Die zweite Grundbedeutung – Regel des Umgangs, des sozialen Verhaltens, die für die Gesellschaft als Verhaltensnorm gilt – legen al-Assad und seine Folterknechte auf ihre ganz spezielle Art und Weise aus. So kann man auch eine nationale Identität schaffen.

In Österreich oder Deutschland (wenn man den einen oder anderen Wichtigtuer auf der Politikbühne mal außer Acht lässt) herrschen da zum Glück andere Zustände. Wo Konvention draufsteht, ist auch Konvention drinnen. Im Großen und Ganzen jedenfalls. Wie zum Beispiel auf oder in meinem Reisepass. Wobei Reisepass nicht die korrekte Bezeichnung ist. Das Dokument, mit dem ich aus Österreich aus- und wieder einreisen darf, weil ich hier nur vorübergehend Schutz genieße, nennt sich auch nicht Reisepass, sondern so:

Reiseausweis für Flüchtlinge. Umgangssprachlich: Konventionspass.

Bei Schutz taucht oft dieses Wort auf: subsidiär. Ich musste auch erst nachschlagen, was das bedeutet. Subsidiären Schutz haben nur Menschen, die kein Asyl bekommen und trotzdem nicht zurück in ihre alte Heimat geschickt werden dürfen. Weil ihnen Folter oder Tod drohen. Und so weiter. Subsidiärer Schutz wird in der Regel jedoch für maximal ein Jahr gewährt.

Im Sinne der Genfer Konvention bin ich Asylberechtigter. Auf fünf Jahre per Bescheid. Und doch ist der Schutz, den ich nach meiner Flucht aus dem Kriegsgebiet in Syrien hier in Österreich glücklicherweise in Anspruch nehmen darf, auf gewisse Weise subsidiär. Nicht im Sinne des Gesetzes. Mehr im Sinne des Wortes. Weil subsidiär bedeutet:

Behelfsmäßig, als Behelf dienend.

Behelfsmäßig, sagt Alena, kann manchmal auch einfach nur ein Pfusch sein.

»Pfusch?«, frage ich.

»Ja«, antwortet sie. »Etwas Provisorisches, das nicht allzu lange hält. Das kann ein Stück Klebeband sein, wo es besser wäre, zu schweißen. Oder der Status eines Menschen.«

Und Ruth sagt: »Nicht nur Kaffeehäuser oder die Oper ... nein, auch der Pfusch hat in Österreich große Tradition.«

Aha. Darum ist auch mein Reiseausweis ein Behelf. Weil er provisorisch ist. Weil er nur für wenige Jahre gedacht ist. Weil er darauf ausgelegt ist, nach einer bestimmten Zeit den Geist aufzugeben. So wie nagelneue Waschmaschinen nach exakt sieben Jahren. Obwohl sie locker zwanzig halten könnten.

»Diese Art von Pfusch nennt man geplante Obsoleszenz«, sagt Ruth. »Dinge absichtlich schlechter herstellen, als sie sein müssten. Damit die Menschen bald wieder was Neues kaufen müssen.«

Mein Konventionspass ist also ein Behelf, den man manchmal auch Pfusch nennt. Nicht, dass der Pass sich deshalb gleich von selbst auflösen würde, wie zum Beispiel die geheimen Aufträge, die Agent 007 erhält. Nein. Er scheint auf den ersten Blick sogar sehr gut gemacht zu sein, ist also, rein technisch, sicherlich kein Pfusch. Der Ausweis hat alles, was so ein Dokument heutzutage braucht. Und ist bestimmt auch ziemlich fälschungssicher.

Das ist wichtig für diese Geschichte. Nichtsdestotrotz ist er weder ein richtiger Reisepass noch gar keiner. Er ist nicht Fisch und nicht Fleisch. Er passt sozusagen perfekt zu mir. Oder perfekt zu meinem sogenannten Status im Staat.

Wir reisen nun zu meinem Bruder nach Istanbul. Vom Grazer Flughafen aus. Ein Direktflug. Wir gehen zum Schalter. Ich zeige meinen Pass. Wir gehen durch. Niemand stellt Fragen. Nichts geschieht. So weit, so wenig spannend. Mein Freund, der Journalist, würde jetzt seine Höflichkeit ablegen und sehr, sehr laut gähnen.

Ein paar Stunden später sind wir bei meinem Bruder in Istanbul. Sollten Sie kein Bild von einem totalen Araber haben, dann liefere ich Ihnen jetzt eines: Mein Bruder ist nämlich einer. Ein stolzer Großstadtmensch durch und durch. Ein Damaszener, wie er im Buche steht. Wenn er von zu Hause redet, gerät er ins Schwärmen. Er spricht dann von Damaskus, den herrlich duftenden Olivenbäumen, die alle Hänge säumen.

Mein Bruder macht es dann wie ich, als ich Alena kennenlernte und von Damaskus vorschwärmte. Damals noch mehr mit den Armen als mit der Zunge. Er spricht wie ich vom Dschabal Qāsiyūn, dem berühmten, mehr als tausend Meter hohen Berg, von dessen Gipfel die ganze Stadt zu überblicken ist. Er spricht von den Düften der Natur. Von den Lichtern der Nacht. Und so weiter. Er holt die verlorene Heimat in plastischen Bildern in seine Gegenwart. Und zwischendrin sagt er immer wieder:

Bei uns.

Weil Damaskus der Ort seines Herzens ist. Und es immer sein wird. Weil sein Herz, auch vier Jahre nach der Flucht, immer noch im Takt der alten Heimat schlägt. Sein Herz kennt keinen anderen Rhythmus als den damaszenischen. Darum herrscht, wenn mein Bruder »bei uns« sagt, nicht der geringste Zweifel, was er meint.

Das ist zugleich logisch und dann wieder unlogisch. Logisch, weil Menschen, die in der Türkei stranden, nicht einen einzigen Tag das Gefühl vermittelt wird, sie könnten dort eines Tages (und mag es noch so lange dauern) auch wirklich ankommen und sagen:

Bei uns.

Mein Bruder ist auch schon einige Jahre aus Syrien weg. Drei Jahre sind es nun. Während ich mich nach acht sehr harten Monaten in der Türkei mit erniedrigenden und krank machenden Jobs irgendwie über Wasser gehalten und jede Lira zusammengekratzt habe, um das Geld für das Schlepperboot aufzubringen und mich letzten Endes durch Europa bis nach Österreich durchzuschlagen, ist er geblieben. Heute unterrichtet er sogar in einer türkischen Schule Arabisch. Auf den ersten Blick könnte man meinen, er hat es geschafft. Er ist angekommen. Und ein halber Türke geworden. Wenigstens so viel.

Weit daneben.

In der Türkei (wie auch in Syrien) hat der Staat null Interesse daran, dass Menschen ankommen könnten. Darum gibt es auch keine Projekte, die das unterstützen würden. Länder wie Österreich und Deutschland gehen fast über vor Projekten, die versuchen, bedürftige Menschen vom Rande der Gesellschaft ein kleines Stück in Richtung Mitte zu holen.

Syrien, die Türkei und Co. sind in dieser Hinsicht leer wie die sprichwörtliche Wüste. Weil diese Staaten nichts übrig und schon gar kein Herz haben für die sozial Schwachen. Nicht für die sozial Schwachen, die dort zu Hause sind. Nicht für die sozial Schwachen, die dort gerne zu Hause wären.

Was bedeutet das?

Bedeutet das, als Syrer in der Türkei hast du, wenn überhaupt, nur eine Chance, wenn du dich zu hundert Prozent anpasst? Weil es sonst heißt: Dort ist der Ausgang (ein Modell, das manche Menschen hier in Europa auch gerne verwirklicht sehen würden).

Nein. Bedeutet es nicht. Weil davon, dass du als Syrer in der Türkei Herkunft und Identität in die Schublade legen und dort auf alle Tage verstauben lassen musst, keine Rede sein kann. Warum auch? Das ist ja gar nicht notwendig.

Araber und Türken haben ohnehin wahnsinnig viel gemeinsam. Allein schon, dass sie alle in dieselbe Moschee gehen und dort brave Moslems sind. Oder so tun, als wären sie brave Moslems. Wie hier die Taufscheinchristen auch. Da ist kein allzu großer Unterschied. Außer vielleicht, wenn ich an *Das Fest des Huhnes* denke, weil der Ersatzgott mit dem Namen Konsumrausch (oder Brathendl) einen Sieg nach dem anderen einfährt und die Gotteshäuser hier immer leerer werden und die Bierzelte immer voller.

Dann wäre da das Essen. Natürlich gibt es da Unterschiede. Allein wir Araber kennen so viele verschiedene Rezepte für Speisen, die es in der Türkei gibt, aber ganz anders zubereitet werden. In den Augen der Europäer sind sie jedoch ein und dasselbe. So ist das eben. Brathendl ist ja auch nicht gleich Brathendl. Ob mit Fülle im Popo oder ohne.

Dann wäre da die manchmal doch ziemlich problematische Stellung der Frau in der Gesellschaft. Viele Türken sind da um nichts besser als viele Araber. Oder sagen wir: manche. Weil auch hier vieles gerne falsch verstanden und überinterpretiert wird. Wir kommen noch dazu. Genauso verhält es sich bei tausend anderen Dingen auch. All das verbindet Türken und Araber.

Was sie trennt, ist die Politik.

Politisch erwünscht ist: Syrer und Co. sollen (wie ich damals in der Türkei) ohne den geringsten Schutz die gesundheitsschädlichen Jobs in den Fabriken machen. Bis sie Staublungen kriegen. Sie sollen im Gastgewerbe arbeiten und froh sein, wenn sie am Ende, mit zwei Monaten Verspätung, auch nur die Hälfte des vereinbarten Lohnes bekommen. Wenn sie den vielen Staub und das wenige Geld schlucken, sind sie brave Flüchtlinge.

Politisch nicht erwünscht ist, dass sie bleiben und anfangen, sich wohlzufühlen und Teil der Gesellschaft werden und diese Gesellschaft vielleicht auch noch kulturell und menschlich bereichern und (das ist ja das Allerletzte) auch noch mitreden wollen, nur weil sie Steuern zahlen. Nein. Politisch geduldet ist nur: ausquetschen lassen wie eine reife arabische Zitrusfrucht. Und dann, wenn du nicht mehr kannst und krank und lästig wirst, heißt es:

Auf Nimmerwiedersehen. Egal wohin. Hauptsache tschüss.

Österreich oder Deutschland sind da völlig anders. *Al-hamdu li-Llāh.* Hier ist es tatsächlich möglich, nicht nur zu kommen und zu bleiben, sondern beim Bleiben auch anzukommen. Hier wird auf die sozial Schwachen geachtet. Auf die hier Geborenen ebenso wie auf die, wie heißt es nochmal? ... Auf die Zuagrastn.

Die Sache mit der Mindestsicherung.

Ja, das muss ich Ihnen noch rasch erzählen, ehe es weitergeht mit dem zweiten Teil der Reise nach Istanbul und mit der Konvention: die Sache mit der Mindestsicherung. In mehr als fünf Jahren habe ich zum Glück nur einmal, also für einen einzigen Monat, diese Unterstützung vom österreichischen Staat gebraucht.

Anderen Menschen ergeht es da nicht so gut. Es gibt neben vielen Einheimischen auch eine Menge Syrer und andere, die darauf angewiesen sind. Meine arabischen Landsleute haben jedoch einen eigenen Zugang. Den haben sie aber nicht extra gesucht oder sich fein ausgedacht, nein, ihr Zugang ist eine Art Naturempfinden für den Faktor Arbeit.

Das hat damit zu tun, dass es so etwas wie Mindestsicherung in arabischen Ländern nicht gibt. Folglich existiert auch das Wort Mindestsicherung in der arabischen Sprache nicht. Die Idee, die dahintersteckt, ebenso wenig. Dasselbe gilt für Begriffe wie Sozialhilfe oder Ähnliches. In Syrien ist es vielmehr so: Wer arbeitet, bekommt (hoffentlich) Geld dafür. Wer nicht arbeitet (warum auch immer), bekommt (ganz sicher) kein Geld. Auch wenn es ihm noch so schlecht geht. Auch wenn er auf der Straße lebt und hungert. Die Sozialhilfe aller Armen, aber auch die staatliche Altersversorgung heißt dort, und darauf werde ich später noch genauer eingehen, Familie.

Zwar gibt es schon so etwas wie eine Pension. Aber die bekommen nur Menschen, die für den Staat (also im Normalfall Geheimdienst oder Polizei) gearbeitet haben. Und auch dann reichen die paar Lira, die für einen Monat gedacht sind, gerade für die ersten drei, vier Tage. Der Vater meines Freundes Firas etwa, der mit mir hierher nach Österreich geflohen ist, zählt zu diesen syrischen Pensionsbeziehern. Er war jedoch (zu seiner Ehrenrettung) weder Geheimpolizist noch sonst irgendein Folterknecht. Selbst in Syrien gibt es Jobs beim Staat, die nichts mit Gewalt zu tun haben. Im Verhältnis allerdings nicht besonders viele.

Löhne im europäischen Sinn werden oft wochenweise ausbezahlt. Oder auch, wie hier, monatlich. Die Araber leben zwar in einer gänzlich anderen Kultur, aber deshalb nicht gleich hinter dem Mond. Also kennen sie natürlich auch das System, dass Geld an einem bestimmten Stichtag bei ihnen landet. Die Frage ist dabei allerdings, wie viel es das eine oder andere Mal ist. So etwas wie Kollektivverträge und Kollektivlöhne gibt es nicht. Schon gar nicht in der Privatwirtschaft. Du machst dir den Lohn mit dem Chef aus. Und hoffst, dass er den Betrag am Ende der Woche, am Ende des Monats auch noch kennt.

So läuft das. So habe ich es selbst jahrelang erlebt. Und dann spreche ich, hier in Österreich, eines Tages mit einem Freund aus der syrischen Community. Wir diskutieren über dies und das, über die Frauen und Beziehungen und so weiter. Und über das Geld. Und dann sagt er:

»Heute hat mich schon wieder mein Vater angerufen.«

»Ja und?«, frage ich. »Was wollte er?«

»Er hat mich gebeten, etwas Geld für meine kranke Mutter zu schicken. Und er wollte wissen, ob mein Gehalt schon gekommen ist.«

»Dein Gehalt?«, frage ich.

»Ja. Mein Gehalt.«

»Du bekommst kein Gehalt«, sage ich. »Du bekommst Mindestsicherung.«

»Sage ich doch. Mein Gehalt.«

Bis dahin habe ich gedacht, die syrische Seele in- und auswendig zu kennen. Was für ein Irrtum. Wobei der Gedanke dahinter nachvollziehbar und auch gar nicht in böser Absicht gefasst ist. Der syrische Mensch denkt einfach so, nämlich:

Was pünktlich daherkommt, regelmäßig und noch dazu in der immergleichen Höhe, kann in den Augen des gelernten Syrers gar nichts anderes sein als das:
Ein Gehalt.
Bloß, wofür?
Bei manchen meiner Freunde habe ich mir da schon den Mund eckig geredet.
»Fusselig«, sagt Alena. »Man redet ihn sich fusselig.«
Meinetwegen. Dann hängen mir eben Fusseln weg, und keine Ecken. Wieder und wieder habe ich seither versucht, manchen meiner Landsleute diesen einen Satz ins Gehirn zu hämmern. Auf Arabisch. Auf Deutsch. Diesen Satz:
»DIE ... MIN ... DEST ... SI ... CHE ... RUNG ... IST ... KEIN ... GE ... HALT!!!!!«
»Aber natürlich ist es das. Was soll es denn sonst sein, Omar?«
Sie starren mich dann auf eine Weise an, dass ich verzweifeln könnte. Aus riesigen Augen. Wie das Kamel vorm großen Tor. Weil die Idee, für Nicht-Arbeit ständig Geld zu erhalten, für sie viel zu absurd ist.
Ja, und dann (das darf auch nicht verschwiegen werden) gibt es unter meinen Landsleuten auch jene, die sehr wohl begreifen, dass die Mindestsicherung kein Gehalt ist. Das haben sie wahrscheinlich sehr rasch begriffen oder schon immer gewusst. Das sind die, die es gerne auf die Spitze treiben.

Wie sie das machen?

Ganz einfach. Sie spielen die Karte mit der schrumpfenden österreichischen Bevölkerung aus. Sie sagen: »Die Österreicher brauchen uns sowieso. Sonst sterben sie aus.«

Ich muss dann immer laut lachen. Aber mehr vor Erstaunen. Weil sie damit meinen: Ich mache meine Frau schwanger, sie bekommt so viele Kinder wie möglich. Und Österreich ist vor dem Aussterben gerettet. Das muss dem Staat etwas wert sein. Darum bezahlt er den Syrern und anderen fürs Kindermachen ein Gehalt.

So ist es dann auch wieder nicht.

»Die gibt es bei uns auch«, sagt Alena. »Und die fallen nicht irgendwo vom Baum und kommen hierher. Die wachsen hier.«

Stimmt. Die Idee, Geld für keine Arbeit zu bekommen und ein gutes Gewissen dabei zu haben, ist nicht neu. Bloß nennen die Menschen hier es nicht Gehalt. Wenigstens nicht laut. Sie nennen es »hart verdienten Anspruch«. Da gibt es zum Beispiel solche, die sagen: »Ich habe meinen Krankenstand für dieses Jahr noch gar nicht aufgebraucht. Höchste Zeit, sonst verfällt er mir noch!«

Oder andere, die echten Sozialbetrug betreiben und auch noch ein gutes Gewissen dabei haben. Weil sie meinen, ein Recht darauf zu haben. Da fällt mir der Mann ein, für den ich früher mal hin und wieder gejobbt habe. Botentätigkeiten. Geringfügig angestellt.

Der Mann hat seinen Sohn als neuen Chef eingesetzt, ist offiziell in Pension gegangen – aber weiterhin der Chef. Das mit dem Sohn ist nur zum Schein. Damit er seine volle Pension erhält. Und zu mir hat er einmal gesagt: »Ich habe ein Recht darauf, das so zu machen.«

Hat er das wirklich?

Und Alena erzählt von einem Fall, den sie persönlich kennt. Aus einem Kindergarten. Mit einer sogenannten echten Österreicherin. Sie habe angegeben, der Vater des Kindes wäre unbekannt. In so einem Fall springt für den fehlenden Vater Vater Staat ein und bezahlt die Alimente.

»In Wirklichkeit«, sagt Alena, »leben Vater, Mutter und Kind die längste Zeit zusammen. Von Anfang an.« Der Vater hat dann zwar keinerlei Rechte, die Väter sonst haben. Aber was soll's.

Auch dafür, denke ich bei mir, haben die Araber ein Sprichwort: Wenn die Moral kommt, ist das Essen schon lange verdaut.

»Nein«, sagt Ruth ungewohnt energisch: »Es heißt: Erst kommt das Fressen, dann kommt die Moral. Und es stammt aus einem Theaterstück von Bertolt Brecht. Brecht. Ein deutscher Dramatiker. Deutsch, Omar, nicht arabisch.«

Egal. Fest steht: Den Verlust der Anständigkeit gibt es überall. Dafür müssen nicht erst ein paar Araber (für die ich mich wirklich schäme) daherkommen und ein System ausnutzen.

Aber, jetzt hätte ich darüber beinahe vergessen, was ich Ihnen eigentlich erzählen wollte. *Eigentlich.* Das ist auch so ein Wort, das ich erst einmal in seiner ganzen Dimension kapieren muss. Weil *eigentlich* eigentlich bedeutet, dass du das genaue Gegenteil von dem sagen willst, was du eigentlich gesagt hast.

Mein Freund, der Journalist, hat dazu einmal gesagt: »Eigentlich impliziert eigentlich immer das Gegenteil dessen, was eigentlich gesagt werden soll.«

Danke.

Aber es stimmt schon. Ich habe es selbst oft genug erlebt. Gerne auch in Verbindung mit dem berühmten österreichischen ABER, das auch erst nach dem Beistrich einleitet, was jemand eigentlich hat sagen wollen. Egal, wie schön und nett und blumig der Teil vor dem Beistrich ist. Wie zum Beispiel diese Aussage, die ich während einer Ausländerdiskussion in einem Beisl zu hören bekam:

»Eigentlich habe ich das gar nicht so gemeint, Omar. Das mit den Ausländern und der ganzen Kriminalität und so. Du bist eigentlich gar nicht so gefährlich, wie man von euch Arabern immer sagt. Aber eigentlich, irgendwie, seid ihr es dann doch wieder.«

Häää?

Oder, etwas weniger komplex: Ich klopfe an die Scheibe eines Geschäftes in Graz, dessen Mitarbeiterin mir vor der Nase die Türe versperrt hat. Schlag 18 Uhr. In Syrien ist das allein deshalb kaum vorstellbar, weil die allermeisten Geschäfte sehr klein sind und fast ausnahmslos die Besitzer selbst drinnen stehen. Oder ein naher Verwandter. Oft genug bis spät in die Nacht.

Ich selbst habe das auch so gemacht, als ich noch Solaranlagen und so Zeugs verkauft habe. Oft saß ich bis drei Uhr in der Früh im Laden meines Chefs (er hatte wohl keine Verwandten, die das für ihn machen wollten). Ich saß dort, empfing bis spät in die Nacht Kundschaft. Oder auch nicht, weil eben nichts los war. Dann nutzte ich die Zeit, um Shisha zu rauchen und Gedichte zu schreiben.

Der Besitzer eines kleinen Ladens hält in Syrien in der Regel offen, solange er die Augen offenhalten kann. Und weil er sich auch zu später Stunde über ein Geschäft freut. Wie blöd müsste auch ein Ladenbesitzer sein, wenn er einem Kunden die Türe vor der Nase zusperrt und sich ein Geschäft entgehen lässt, nur weil der große Zeiger der Uhr fünf Sekunden vorher auf 12 gesprungen ist? Und wie wortreich wären die Flüche und Verwünschungen eines Onkels, der zum Beispiel den faulen Neffen überführt, wenn er zahlungswillige Menschen einfach so wieder nachhause schickt? Oder, schlimmer noch, zur Konkurrenz?

Wo allerdings angestellte Verkäuferinnen und Verkäufer den Schlüssel in die eine und andere Richtung drehen, und wo diese Menschen womöglich auch noch schlecht bezahlt werden, ticken die Uhren anders. Vor allem hier in Mitteleuropa.

Also: Die noch ziemlich junge Mitarbeiterin des Geschäfts (Babymoden) öffnet auf mein wildes Klopfen und weil ich die schönsten flehenden Augen mache, die ich zur Verfügung habe, noch mal (das allein ist schon erstaunlich), bloß um mit der einen Hand aufs Gelenk der anderen (das mit der Uhr und dem großen Zeiger) zu klopfen und zu sagen:

»Ich bin eigentlich schon weg.«

»Aber Sie sind doch noch da. Eigentlich. Können Sie nicht eine Ausna -?«

»Nein. Kann ich nicht. Wo kämen wir da hin? Eigentlich sehen Sie mich gar nicht mehr.«

Eigentlich. Dazu mit »kämen« ein kleiner, feiner Konjunktiv. Dann Türe wieder zu. Weil Ladenschluss heißt: Laden zu. Und Schluss.

Die Verkäuferin, lerne ich, hat damit in punkto korrekt und seltsam zugleich gleich mehrere Fliegen mit einer Klappe geschlagen. Wobei es in Wirklichkeit ja so heißt: Sie hat zwei Vögel mit einem Stein erschlagen. Alena würde jetzt sagen, dass die österreichische Variante im Vergleich zur arabischen viel humaner ist. Menschlicher, weil tierfreundlicher.

Mag sein. Darüber lässt sich (ließe sich) streiten. Aber Original ist eben Original.

Jetzt aber wirklich zurück zur eigentlichen Geschichte:

Wir verlassen Istanbul wieder, fliegen nach Österreich. Ich bin wehmütig, wie Sie sich denken können. Die Familie ist den Arabern heilig (auch wenn diese enge Bindung nicht immer nur ein großer Segen, sondern oft genug ein noch größerer Fluch sein kann). Meinen Bruder so lange nicht zu sehen, hat ihn für mich fast zu einem fremden Menschen gemacht. Und mein Nachdenken, was »bei uns« betrifft, hat die Sache nicht besser und den Abschied nicht leichter gemacht. Egal, worüber wir diskutiert haben – von Erdogan über Versicherungen bis hin zum Job – habe ich, wenn ich bei uns gesagt habe, Österreich gemeint.

Er jedoch immer nur Damaskus.

Während ich schon halber Österreicher bin, ist er nicht einen Hauch Türke geworden. Obwohl er inzwischen die türkische Staatsbürgerschaft besitzt. Darin hat er mir ziemlich viel voraus. Österreicher (auf dem Papier) bin ich noch nicht, und Syrer (auf dem Papier) nicht mehr. Ich besitze keinen syrischen Reisepass, und die Botschaft darf ich auch nicht betreten.

Andererseits – wer weiß, wofür es gut ist? Wer weiß, was sie mit einem wie mir machen würden? Ich sage nur: Jamal Kashoggi und die saudi-arabische Botschaft. Meine Lust, ein ähnliches Ende wie der Journalist zu nehmen und in meine Einzelteile zerlegt irgendwo zu verschwinden, ist nicht besonders groß.

So oder so muss ich dennoch hoffen, dass ich bleiben darf. Schon bedrückend. Was mich aber noch viel mehr bedrückt, ist, dass mein Bruder jetzt gar kein Zuhause mehr hat. Wenn jemand so ganz und gar nicht Fisch und nicht Fleisch ist, dann wohl er.

Hinzu kommt, dass ich ihn beleidigt habe. Weil er als der Ältere von uns beiden selbstverständlich die Rechnung für das Abendessen übernehmen wollte. Und ich, der Jüngere, mich heimlich (ich habe behauptet, die Herrentoilette aufsuchen zu wollen) zum Kellner geschlichen und bezahlt habe. Es waren ohnehin nur 200 türkische Lira für uns drei. Umgerechnet 24 Euro. Für uns kein wirklich großer Betrag. Für meinen Bruder jedoch ist das eine Menge Geld, die er sich vom Mund absparen muss.

All das hat mir das Herz eingeschnürt. Aber es hilft nichts. Alena und ich müssen zurück und ihn zurücklassen in seiner Welt, die ihm keine ist.

Was sein muss, muss sein, sagen die Araber.

Genau das hat ein Polizist Stunden später auf dem Grazer Flughafen anscheinend auch gedacht. Was sein muss, muss sein. Alena und ich betreten österreichisches Hoheitsgebiet, gehen zur Passkontrolle. Vor uns und hinter uns jede Menge Menschen.

»Kommen Sie mal auf die Seite«, sagt der Mann hinter der Glaswand und blickt mich finster an. Das Gefühl, aus einer Menge herausgefischt und zur Seite gestellt zu werden, löst instinktiv Schweißattacken in mir aus. In Syrien bedeutet das ausnahmslos nichts Gutes. Egal, ob du mit dem Auto zur Seite »gebeten« wirst oder auf der Straße.

Ich zucke zusammen, folge jedoch sofort. Ich spüre die Blicke der Menschen um mich. Was habe ich falsch gemacht? Habe ich überhaupt etwas falsch gemacht?

Der Polizist, der mich herausgefischt hat, war übrigens nicht der Mann direkt am Schalter. Sondern der Mann, der in der Kabine dicht hinter ihm gestanden ist und seinem Vordermann auf die Finger gesehen hat. Sein Chef, wie ich bald erfahre. Er hat seinem Untergebenen meinen Ausweis inzwischen aus der Hand genommen und begonnen, ihn ganz genau zu mustern. Er blättert vor, blättert zurück, dreht ihn nach allen Seiten, hält ihn auch gegen das Licht. Dann die Worte, die mein Herz wild pochen lassen:

»Kommen Sie mal auf die Seite.«

Was ich mir in diesem Augenblick in Gedanken so zusammengesponnen habe, ist Kopfkino der nicht unbedingt wünschenswerten Art. Damals waren wir ja noch in der Hochblüte der schwarz-blauen Regierung mit einem Innenminister Kickl. Ein Herr Kickl, der auf die Kraft der Abschreckung baut, der sich für Pressefotografen auf Pferde setzt, die Polizeipferde werden sollen (es aber letzten Endes nicht werden, weil sein Nachfolger das als Schnapsidee erkennt und die berittene Polizei abschafft, bevor sie angeschafft wird). Ein Herr Kickl auch, der auf die Meinung setzt, als Einziger im Land für alles die einzige Lösung zu haben.

Und: Ibiza war zu dieser Zeit noch ein echter Sehnsuchtsort sonnenhungriger Spanienliebhaber und keine Pilgerstätte für Regierungsnostalgiker. Oder jubelnde Linke. Je nachdem, von welcher Seite man es betrachtet.

Tausend Dinge schießen mir also in dem Moment durch den Kopf. Wer weiß, vielleicht hat sich in den paar Tagen, wo Alena und ich in der Türkei waren, alles noch weiter verschärft? Vielleicht ist Syrien zum sicheren Land erklärt worden? Vielleicht hat Kickl persönlich den Befehl ausgegeben, jeden Syrer im Land in Abschiebehaft zu nehmen?

Vielleicht. Vielleicht. Vielleicht.

Ich spüre den Schweiß auf meine Stirn treten. Ich spüre, wie ich nach Alenas Hand fasse und sie krampfhaft drücke. Ich stehe auf der Seite, während die Mitreisenden an mir vorüberziehen und einige mir so gewisse Blicke zuwerfen. So jedenfalls fühle ich es.

Dann kommt der Chef auf mich zu. In der Hand hält er ein Schreibbrett. Er beginnt, mir alle möglichen Fragen zu stellen. Was der Zweck der Reise war. Wie lange sie gedauert hat. Wen ich in der Türkei getroffen habe. Warum ich diese Person (meinen Bruder) dort getroffen habe. Warum nicht anderswo. Mit wem ich sonst Kontakt gehabt habe. Wie ich ausgereist bin aus Österreich vor ein paar Tagen. Natürlich auch, ob ich Geld bei mir gehabt habe bei der Ausreise. Wie viel ich jetzt mit habe. Und so weiter. Fragen über Fragen. Und dabei macht er sich ständig Notizen.

Was schreibt er da?

Das Prozedere hat ungefähr zehn Minuten gedauert. Für mich hat es sich angefühlt wie zehn Stunden. Dann blickt der Polizist plötzlich von seiner Schreibtafel auf, starrt mich emotionslos an und sagt: »Sie können gehen.«

Eine Sekunde später drückt er mir meinen Konventionspass in die Hand. Was war das?

Alena zieht mich schon am Ärmel, um möglichst schnell von hier zu verschwinden. Aber jetzt möchte ich es doch wissen. Natürlich mit aller gebotenen Höflichkeit, die man mir schon als kleines Kind für solche Situationen eingeimpft hat.

»Entschuldigen Sie vielmals«, sage ich. »Es tut mir leid, aber ich muss Sie was fragen.«

Der Oberpolizist mit den vielen kleinen Streifen auf den Schultern zieht die Augenbrauen hoch. »Ja?«

»Was ... haben Sie dauernd aufgeschrieben, als Sie mir diese Fragen gestellt haben?«

Im selben Moment habe ich schon gedacht: Stell nicht so blöde Fragen, Omar. Du bist zwar nicht in Syrien, wo du allein dafür schon die erste Ohrfeige bekommen hättest. Im besten Fall. Aber du kennst doch das Zauberwort der österreichischen Beamten, das sie immer dann aus dem Sack holen, wenn sie nichts sagen wollen. Amtsgeheimnis.

Aber, ich habe mich so richtig getäuscht, denn auf einmal sagt der Polizist mit sehr tiefer, sehr strenger Stimme: »Sie haben das System getäuscht.«

»Was habe ich?«, rufe ich.

»Ja. Das haben Sie. Die Frage ist nur, ob Sie es in arglistiger Absicht getan haben oder unbewusst. Das lässt sich jetzt nicht mehr klären. Also können Sie gehen ... Schwamm drüber.«

»Ich verstehe nicht.«

Der Mann (um eineinhalb Köpfe größer als ich) sieht mich von oben herab an. Immer noch verzieht er keine Miene. »Also gut. Sie wollten es ja wissen. Sie sind im Besitz eines Konventionspasses, richtig?« Ich nicke stumm.

»Und jeder, der so ein Dokument besitzt, muss bei der Ausreise aus der Europäischen Union dieses Papier hier ausfüllen.« Er klopft mit der Hand auf das Schreibbrett.

»Ich habe aber nichts ausgefüllt, als wir aus Graz ausgereist sind.«

»Eben«, sagt er. »Das ist genau das Problem. Das ist das Dilemma, das wir jetzt haben. Wir. Mit Ihnen. Wegen Ihnen.«

Ich sehe ihn aus großen Fladenbrotaugen an.

»Sie hätten das bei der Ausreise machen müssen. Haben Sie aber nicht. Deshalb muss ich das jetzt machen.« Neuerlich klopft er gegen sein Schreibbrett. Heftiger als zuerst.

Bisher habe ich nichts von dem verstanden, was geschehen ist. Jetzt verstehe ich noch weniger. Meine Verwirrung steht scheinbar in großen Buchstaben in mein Gesicht geschrieben, denn der Beamte fährt sofort fort:

»Wissen Sie noch, welcher Kollege Dienst gehabt hat, als Sie Österreich verlassen haben?«

Würden Sie, liebe Leserinnen und Leser, auch nur zwei Stunden später einen Polizisten in Uniform auf der Straße wiedererkennen, der sie im Vorbeigehen oder Vorbeifahren NICHT kontrolliert oder NICHT wenigstens ein bisschen schief angeschaut hat?

In diesem Augenblick habe ich zum ersten Mal gedacht, hier könnte es sich um eine Folge von »Mit versteckter Kamera« handeln. Da sind ja auch jede Menge Kameras, sage ich mir und blicke um mich. Aber die Polizisten scheinen doch alle ziemlich echt zu sein. Vor allem der Oberpolizist. Auch wenn gerade Faschingszeit ist (ja, auch so ein Thema). Bis zu diesem Augenblick bin ich (und Alena natürlich mit mir) derjenige, der fassungslos ist. Doch im nächsten Moment ist es der Polizist mit den vielen Streifen auf der Schulter. Denn ich trete ein paar Schritte vor, deute in Richtung der Glaskabine und sage:

»Ja. Der dort. Er hat Dienst gehabt. Der Mann, der heute auch hier sitzt. Der, hinter dem Sie gestanden sind, als ich meinen Ausweis vorgezeigt habe.«

Fragen Sie mich nicht, warum ich das gewusst habe. Aber ich hatte mir den Mann aus irgendeinem seltsamen Grund bei der Ausreise eingeprägt. Vielleicht bloß, weil er Polizist ist und mich als gelernten Flüchtling eben NICHT kontrolliert hat. Oder nicht genau. Weil er nur einen kurzen und sehr gelangweilten Blick auf meinen mit der Bildseite aufgeklappten Ausweis geworfen, genickt und mich wie alle anderen auch durchgewinkt hat. Ausreisen darf, wie es scheint, sowieso jeder.

Jetzt sieht der Oberpolizist mich aus Fladenbrotaugen an. »*Der* Kollege? Sind Sie sicher?«

Ich nicke. »Ja, kein Zweifel.«

»Sie haben den Kollegen bei Ihrer Ausreise getäuscht«, sagt der Chef. »Weil sie den Ausweis in einer Hülle versteckt haben.«

Ich blicke auf meinen Konventionspass. Der ist außen grau und unterscheidet sich allein darin maßgeblich von einem österreichischen Reisepass. Oder von anderen Reisepässen auf der Welt. Aus Scham Menschen gegenüber, die mich mit diesem Pass in der Hand sehen könnten und ein bisschen eine Ahnung von Pässen haben, habe ich mir irgendwann eine einfarbige Hülle zugelegt. Wie gesagt, so schwarz wie mein arabisches Haar. Viele Menschen haben Hüllen über ihre Pässe gestülpt. Die meisten, um ihren Pass vor Beschädigungen zu schützen. Ich jedoch, um mich vor Beschädigungen durch meinen Pass zu schützen.

Von außen lassen sich die Unterschiede also recht einfach kaschieren. Da hat der Mann schon recht. Wenn Sie allerdings so einen Konventionspass aufschlagen, wissen Sie selbst als Laie sofort, was gespielt wird. Da steht nämlich ganz groß auf der Seite mit dem Foto:

Bundesamt für Fremdenwesen/Asyl
Dieser Reisepass gilt für alle Staaten der Welt,
ausgenommen: Syrien
Grundlage der Ausstellung ... blablabla

Und so weiter. Unten, wie sonst auch, das Bild und die übrigen Daten.

Wieder schießen mir tausend Gedanken durch den Kopf. Jetzt aber keine, die mit Syrien zu tun haben. Andere Gedanken. Zum Beispiel male ich mir aus, wie es um die Sicherheit in Österreich bestellt ist. Immerhin heißt diese Ära, in der wir uns zum Zeitpunkt meiner »Pass-Affäre« befinden, Kickl-Ära. Immerhin hat dieser Herr Kickl erst vor Kurzem tausend neue Polizisten angestellt. Oder zweitausend. Was weiß denn ich. Jedenfalls sehr viele. Weil Österreich massiv bedroht ist. Hat Herr Kickl gesagt. Weil Stacheldrahtzäune gebaut statt niedergerissen werden.

Und genau da fällt mir Martin Kosch ein. Auch ein Steirer wie ich. Er allerdings schon ein bisschen länger. Kosch ist Kabarettist. Er hat genau das einmal zum Thema gemacht: die Aufnahme der vielen neuen Polizisten im Land. Und das Problem mit dem Aufnahmetest. Ich habe es selbst im Theater gesehen. Als Kabarettist musst du ja nur aufmerksam Zeitung lesen. Da stößt du dann auf Überschriften wie diese: Kickl sieht Erfolg bei der Rekrutierung von Polizisten.

In dem Bericht (*Der Standard*) aus dem Oktober 2018 ist anfangs von den vielen Polizisten die Rede, die gebraucht werden, weil Herr Kickl sie braucht. Und dann von einem Streit um das Niveau der Bewerber. Früher, heißt es, hätten angehende Polizisten beim Aufnahmetest 400 bis 500 Punkte erreichen müssen. Jetzt liege die Hürde erstmals bei 200 oder darunter. Die Anforderungen seien stark nach unten korrigiert worden, weil zigtausende Anwärter daran gescheitert seien. Was das Innenministerium natürlich heftig dementiert. Was das Ministerium aber nicht bestreitet, ist die aktuelle Mindestpunktezahl, die auch Martin Kosch auf der Bühne genannt hat: 139.

Genau da denke ich an Korsika. Alena und ich haben dort ein paar wunderschöne Tage verbracht. Nein. Es war genau genommen auf dem Weg von Sardinien nach Korsika. Mit der Fähre. Da war ein Grenzbeamter, ein Franzose, der alle Pässe sehr aufmerksam kontrollierte. Also auch meinen. Er warf einen kurzen Blick darauf, und sofort mussten wir zur Seite fahren. Das Auto wurde von oben bis unten durchsucht.

Danach kam der Beamte zu mir und sagte in fast perfektem Deutsch (er hat in Österreich und Deutschland studiert, wie er später erzählte): »Ich muss mich bei Ihnen entschuldigen für diese besonders strenge Kontrolle. Aber wir haben die Vorschrift, das bei allen Menschen mit einem Konventionspass zu tun.«

Wie gibt es denn das? Der Korse hat meinen Ausweis sofort erkannt als das, was er ist. Der Beamte des Landes, wo er ausgestellt wird, aber nicht? Weil ich ihn in hinterhältiger Weise durch eine Schutzhülle daran gehindert habe?

»Und darum«, fährt der Oberpolizist in Graz fort, »habe ich das in Ordnung bringen müssen. Für die Akten. Weil Sie dieses Formular hier nicht ausgefüllt haben.«

»Ich habe nicht gewusst, dass ich ...« Ich bemerke, dass ich zu stottern beginne. Dann schießt mir sofort dieser Gedanke ein: Jetzt gibt es da ein Dokument, das ich hätte ausfüllen müssen, aber nicht ausgefüllt habe. Das jetzt ein anderer für mich ausgefüllt hat. Mit seiner Handschrift natürlich. Nicht mit meiner. In Syrien wäre das allein schon sehr problematisch. Dort musste ich einmal sogar (nach meiner Verhaftung durch den Geheimdienst) ein Formular mit verbundenen Augen unterzeichnen, ohne zu wissen, was draufsteht. Hat diese Sache hier womöglich Folgen für mich? Etwa dann, wenn ich um die österreichische Staatsbürgerschaft ansuche?

»Das können Sie auch gar nicht wissen«, sagt der Oberpolizist. »Der Kollege hätte es ausfüllen müssen. Aber nachdem Sie ihn getäuscht haben, hat er nicht wissen können, dass er es hätte tun müssen. Dadurch ist diese schwierige Situation überhaupt erst entstanden. Dieser Pallawatsch. So einfach ist das.«

Nicht, dass ich den durch mich arglistig getäuschten Kollegen auf dem Grazer Flughafen verdächtigen würde, einer von denen mit gerade mal 139 Punkten zu sein. Er hat ja auch nicht ausgesehen wie frisch von der Polizeischule. Andernfalls müsste jetzt ich (der noch nicht, aber hoffentlich eines Tages doch Neo-Bürger dieses Landes) anstelle von Herrn Kickl mir ernsthafte Sorgen um Österreich und seine Sicherheit machen. Weil da Menschen am Werk sind, die nicht einmal einen echten österreichischen Reisepass von einem Konventionspass unterscheiden können. Obwohl es groß und fett drinnen steht. Kein Wunder, dass die Menschen in Horden illegal nach Österreich kommen, oder?

Nein. So denke ich nicht. Ich würde niemals sagen: Wenn einer zwei so unterschiedliche Dokumente nicht auseinanderhalten kann, obwohl er von früh bis spät nichts anderes macht, könnte ebenso gut ein Orang-Utan dort sitzen. Nein. Ich glaube vielmehr, es war dem arglistig durch mich und meine Hülle getäuschten Kollegen an diesem Tag, auf gut Österreichisch gesagt, herzlich wurscht. So schaut's aus.

Für diese Wurschtigkeit muss es natürlich einen Schuldigen geben, der nicht Staat heißt. Also heißt der Schuldige Omar Khir Alanam. Und das einzige echte Opfer dieser Amtshandlung ist der Oberpolizist, der meinen Fehler wiedergutmachen und das Formular nachträglich ausfüllen hat müssen. Damit alles seine Ordnung hat.

»Vurschrift is Vurschrift«, sagt Ruth.

Und mein Freund, der Journalist, sagt, so jemanden wie mich nennt man in der Amtssprache gerne auch: *subversives Element*.

Ich habe keine Ahnung, was das bedeutet. Aber es klingt ziemlich bedrohlich. Darum frage ich lieber nach bei Doktor Google. Subversiv steht für: Subversion betreibend. Aha. Und weiter: umstürzlerisch. Okay.

Alena lacht, als ich ihr von dem Begriff erzähle. »Ja, Omar«, sagt sie. »Genau das bist du mit deiner schwarzen Plastikhülle. Ein subversives Element.«

Später, als ich längst an *Sisi, Sex und Semmelknödel* zu schreiben begonnen habe, rät mir mein Freund, der Journalist, eventuell am Ende jedes Kapitels ein Fazit zu stellen. Er würde das jedenfalls so machen.

»Was ist ein Fazit?«, frage ich.

»Eine Schlussfolgerung. Oder in diesem Fall ein Ergebnis, das alles in möglichst wenigen Worten möglichst genau und treffend wiedergibt.«

»Die Araber«, erwidere ich, »nennen das die Butter der Geschichte.« Also – die Butter dieser Geschichte lautet:

Konvention ist ein schönes Wort. Wenn sie gelebt wird. Bei uns. Überall. Bei uns sollte überall sein. Aber eigentlich ist in Österreich alles immer ein bisschen anders, als es ist. Genau darum mag ich Österreich so sehr.

Und, als Butter auf der Butter: Zeitrechnungen sind etwas sehr Individuelles. In Syrien denken die Menschen in Mondphasen. In Österreich rechnet man seit neuestem anders: Etwas ist (wie in meinem Fall) drei Monate vor Ibiza geschehen. Oder drei Monate danach.

Kreativität ist ...?

Die Geduld ist der Schlüssel zur Freude, sagt ein uraltes arabisches Sprichwort. Eine sehr viel jüngere Weisheit, geprägt durch Zuwanderer aus aller Welt, besagt wiederum: In Österreich brauchst du Geduld und für alles ein Papier. Nicht nur für die Toilette.

Ein Papier. Sprich: eine Genehmigung. Und eine Großpackung Geduld, mit der du dir den Schweiß von der Stirn wischen kannst. Das gilt besonders, wenn du in die Mühlen des Gesetzes gerätst. Wenn du wie seinerzeit schon der arabische Hidalgo Don Quijote gegen Windmühlen ankämpfst.

Alena würde jetzt gleich rufen: »Don Quijote war eine literarische Erfindung von Miguel Cervantes. Und als solche war er Spanier. Wie sein Schöpfer auch.«

Und ich würde daraufhin sagen: »Kann schon sein. Auf dem Papier. Die Europäer wollen ja alles auf einem Papier sehen, damit sie es glauben. Damit es echt ist. Aber, Don Quijote war vollgepumpt mit arabischem Blut. Denk nur an die Eroberung der Spanischen Halbinsel durch die Araber vor mehr als tausend Jahren und die jahrhundertelange Herrschaft. Ohne uns hättet ihr nicht einmal –«

Ich stocke. *Uns. Ihr.*

Jetzt hat also doch wieder der Araber in mir gesprochen. Das tut er immer, wenn ich mich besonders aufregen muss. Da kann es vorkommen, dass ich stocksteif werde und mich keinen Millimeter mehr bewegen und auch nicht länger klar denken kann. Wie ein arabischer Hengst, der sich vor einer Giftschlange aufbäumt und in der Luft erstarrt (so erging es mir zum Beispiel, als ich eine dieser seltsamen »Integrationsprüfungen« ablegen wollte, um Germanistik studieren zu dürfen, genau genommen den Test mit dem hübschen Namen »ÖSD-Zertifikat C 1 (ZC1)«. Erinnern Sie mich daran, dass ich Ihnen das erzähle).

»Ja«, fahre ich fort, »ohne uns hättet ihr nicht einmal eine Wasserbrause auf der Toilette, um euch den Hintern hinterher ordentlich zu reinigen. Anstatt bloß mit kratzigem Papier.« Wasserbrausen. Oder vielmehr der Mangel daran. Auch so ein Thema, das einen echten Araber bewegt, kann ich Ihnen sagen.

»Wasserbrausen?«, ruft Alena und lacht. »Haben wir auch nicht. Zumindest ist sie nur selten anzutreffen. Und sie heißt hier hygienische Wasserdusche. Oder Bidet-Brause. Wenn schon.«

Aber wir waren bei der Geduld. Geduld ist nicht nur gefragt, wenn Sie in einem arabischen Land an einem Bankomat stehen. Entweder, weil er nichts ausspuckt. Oder, weil zwar nur zwei Einheimische vor Ihnen am Geldautomat stehen, es aber trotzdem eine halbe Stunde dauert. Wir Araber reden eben gerne. Notfalls auch mit Geldmaschinen.

Als Asylwerber brauchst du besonders viel Geduld. Du bist angespannt, sitzt auf Nadeln, fühlst dich wie ein Fakir in der Grundausbildung. Einerseits, weil die Mühlen langsam mahlen. Weil du bei jeder Nachfrage auf dem Amt zu hören bekommst: »Geduld, Geduld.« Das macht es nicht besser.

Aber die Nadeln stechen auch aus einer anderen Richtung. Weil aus der alten Heimat ständig diese eine Frage am Telefon gestellt wird:

»Was ist, Omar, hast du endlich die Papiere gemacht?«

Irgendwann habe ich es begriffen, wie es hier läuft. Alles braucht eben seine Zeit. Und so habe ich begonnen, die Worte der Beamten an meinen Vater in Syrien weiterzugeben, wenn er angerufen und mich zum hundertsten Mal sehr energisch nach meinem Status gefragt hat. Nach den Papieren.

»Omar, was ist mit den Papieren?«

»Geduld, Baba«, habe ich gesagt. »Geduld.«

»Spinnst du?«, habe ich zu hören bekommen. »Was heißt Geduld? Du musst kreativ sein, Sohn, verstehst du? Kreativ!«

»Ich tue, was ich kann«, habe ich immer wieder gesagt.

»Was heißt, du tust, was du kannst? Was tust du?«

»Ich warte. Das ist alles, was ich tun kann.«

Je nach Tageslaune hat das meinen Vater bloß ärgerlich oder so richtig, richtig zornig gemacht. »Jetzt geh doch endlich«, hat er dann fast schon gebrüllt. »Setz dich in Bewegung. Geh und mach was!«

»Das tue ich ja. Ich warte.«

»Ooomaaar!!! Du musst kreativ sein!!!«

Kreativ ist seit Generationen im Sprachgebrauch arabischer Familien ein Synonym dafür: schlau, aktiv, einfallsreich, klug, clever, gescheit, geschickt, nicht auf den Kopf gefallen, geschäftstüchtig, mit allen Wassern gewaschen, bereit, das Nötige zu tun. Ein Araber muss tun, was ein Araber tun muss.

Was ein Araber so unter kreativ versteht im Umgang mit Behörden, findet sich auf Google auch unter diesem Begriff: Bakschisch. Ein Wort, das man am Telefon natürlich nicht ausspricht, weil man nie wissen kann, wer gerade mithört. Bakschisch (auch bekannt als Ikramie) schwingt ganz einfach in anderen Worten mit.

Eben kreativ sein.

Genau das hat mein Vater von mir erwartet und enormen Druck ausgeübt. Er und die ganze Familie. Das war Stress pur. Sie haben erwartet, dass ich hingehe und die österreichischen Beamten besteche, damit ich endlich zu meinen Papieren komme und Asyl erhalte. Weil es ihrer Lebenserfahrung entspricht: Darum macht man das so. Ob hier bei uns in Syrien oder dort bei ihm, dem unkreativen Sohn Omar, im fernen Nemsa.

Natürlich, ohne extra einen Termin vereinbaren zu müssen. Araber machen keine Termine. Erst recht nicht, wenn Bakschisch winkt. In Österreich, habe ich gelernt, musst du sogar einen Termin machen, wenn du deine Eltern besuchst. Oder deine Geschwister.

In meiner alten Heimat kommt das einer Beleidigung gleich. Bist du in der Nähe, bei Onkel, Tante, Großeltern, Freunden, schaust du einfach vorbei. Wenn du kommst, bist du da. Wenn du gehst, bist du wieder weg. Darum heißt es auch:

Wasche deine Wange, denn du weißt nicht, wer sie küsst.
Wasche deine Türschwelle, denn du weißt nicht,
wer sie betritt.

Das ist zutiefst arabisch und bedeutet: Sei immer bereit, Gäste zu empfangen. Du weißt nie, wer wann kommt. Darum darfst du auch zu Hause nicht herumlaufen wie der letzte Mensch. Nur in Jogginghosen? Oder mit noch weniger am Leib? Undenkbar. Nein. Immer schön ordentlich. Immer bereit. Warum sollte das auf einem Amt in Österreich anders sein? Glaubt mein Vater. Also schreit er ins Telefon: »Termin! Termin! Ach was. Du musst nur den richtigen Schlüssel suchen und finden. Erst viele Schlüssel ergeben einen Schlüsselbund.«

Soll heißen: Klappt es bei dem einen Beamten nicht mit Bakschisch, suche dir einen anderen. Bis es klappt. Wie ein gelernter Araber das so macht.

»Na, probier das mal bei uns, Omar« hat mein Freund, der Journalist, gesagt. »Gratuliere.«

Genau das habe ich versucht, meiner Familie in Syrien beizubringen. Ohne Erfolg. Mir erging es wie vielen

Landsleuten auch hier in Österreich. Du wartest, lernst, Geduld zu haben (was ja tatsächlich eine Tugend ist). Und wirst für genau diese Tugend über zigtausende Kilometer hinweg wüst beschimpft.

Ich kann das meinem Vater nicht einmal vorwerfen. Er weiß ja, wie ich damals aus Syrien geflohen bin. Der Schlepper, der mich in den Libanon gebracht hat, hatte vorne auf dem Armaturenbrett alles liegen, was er für unsere Fahrt gebraucht hat. Für die vielen Checkpoints, die uns erwarteten. Da lagen Stapel mit kleinen Geldscheinen in unterschiedlicher Höhe. Eine Stange Zigaretten. Ein Parfum. Andere kleine Aufmerksamkeiten.

Mein Fahrer wusste ganz genau, welcher Polizist bei welchem Checkpoint stehen würde. Er kannte den Preis eines jeden. Oder die Wünsche ihrer Frauen. Weshalb manche sich ihr Augen-Zudrücken auch in Naturalien abgelten ließen. Die gaben dann exakte Bestellungen auf. Menge. Marke. Et cetera. Darum die Zigaretten, Parfums und was sonst noch. Er hat auch gleich fürs nächste Mal gefragt, was sie wollen. Ich habe es mit meinen eigenen Ohren gehört.

Klar ist auch: Beim Geheimdienst gelten andere Tarife. An diesem sehr bewährten System hat sich bis heute nichts geändert. Auch ich bin nur darum unbehelligt auf libanesischen Boden gelangt. Also kann mein Vater gar nicht anders, als sich das österreichische Beamtenwesen so vorzustellen. Wo ich allerdings das Geld für die vielen kleinen Stapel hätte hernehmen sollen, steht auf einem anderen Blatt Papier. Wenn schon. So oder so ist alles, was ich ihm nun, aus der Ferne, zu dem Thema erzählt habe, in seinen Augen nichts weiter als das:

Fantasievoller Blödsinn.

Deshalb hat er jedes Mal, wenn ich von Geduld und davon, auf einen Termin zu warten, gesprochen habe, ins Telefon geschrien: »Du bist nur zu faul, Omar! Viel zu faul! Was soll nur aus dir werden? Du willst es gar nicht wirklich!«

Bestimmt kennt auch mein Vater diesen weisen Satz eines alten Arabers: Ein freundliches Gesicht ist besser als Kisten voller Gold. Und bestimmt ist auch er der Meinung, dass die besten Weisheiten manchmal Blödsinn sind. Weil sie an der pragmatischen Realität rund um das Wort Schmiergeld vorbeizielen. Weil erst eine Kiste Gold ein freundliches Gesicht macht.

In seiner Welt funktioniert das immer und überall. Darum will es ihm nicht einleuchten, dass Bakschisch anderswo, etwa in Österreich, gar nicht oder erst ab einer gewissen Höhe funktionieren könnte. Ab einer gewissen (wirklich großen) Höhe des Betrages (weil fast jeder seinen Preis hat) und auch erst ab einer gewissen Höhe, was die Stellung der Bakschisch-Nehmer und -Geber in der Gesellschaft betrifft. Ich sage nur: Ibiza. In Syrien würden diese Menschen bestens vorankommen. Aber, das tun sie ja in Österreich auch. Oder?

»Bei Otto-Normal-Verbrauchern geht das eben nicht«, sagt Alena. Sie sieht meinen fragenden Blick. »Das sind die Jedermanns. Die gewöhnlichen Leute. Wie du und ich.«

Ich nicke, denke an Alexander van der Bellen, der ja jetzt auch mein Bundespräsident ist. Selbst ohne Staatsbürgerschaft. Ich denke an seine dramatischen Worte im Fernsehen, nach Ibiza, als er sich in seiner Ansprache vehement gegen das Verallgemeinern ausgesprochen hat:

»So sind wir nicht, so ist Österreich einfach nicht, aber das müssen wir alle gemeinsam beweisen.«

Hhmmhh. Nein. So sind *wir* nicht. Aber *die*. Und wo es mit Bakschisch nicht geht, geht es anders. Da läuft es über Beziehungen. Irgendwer kennt wen, der jemanden kennt, der jemanden kennt, der einen Freund hat. Und dessen Bruder hat einen Cousin, dessen Schwager ganz genau weiß, dass ein Problem gar keines ist.

»Das ist doch auf der ganzen Welt so«, sagt Alena.

»Ja«, sage ich. Allerdings behalte ich dieses arabische Sprichwort für mich: *Die einen sind gleich, die anderen gleicher.*

Auch mein väterlicher Freund nickt wissend. Dann, nach einigem Zögern, sagt er: »Ich erzähle dir jetzt eine Geschichte, Omar. Nicht aus zweiter Hand. Sie liegt zwar schon ein Weilchen zurück, doch ich habe sie selbst erlebt. Nicht, dass ich besonders stolz darauf wäre, aber so ist es nun mal.«

Folgende Geschichte:

»Ich habe damals«, sagt er, »in Salzburg gearbeitet. Viele Jahre lang. Eines Abends war ich mit meiner neuen Freundin aus. Und einem Freund. Wir haben es ziemlich krachen lassen. Tequila bis zum Abwinken und so. Um vier Uhr früh wollten wir zu meiner Freundin, um weiterzufeiern. Ihre Wohnung lag einen knappen Kilometer entfernt.«

Danach spricht er von einem Motto (»Wie gesagt, Omar, das ist nichts, worauf ich heute stolz wäre. Du musst mir das glauben!«), von dem ich auch erst in Österreich gehört habe. Wenn nämlich Beine und Gleichgewichtssinn und Verstand längst versagen, dass du entweder sagst:

1. Heute fahre ich mit der Rettung nachhause.
Oder:
2. Tragt mich zum Auto, damit ich nachhause fahren kann.

Wir sprechen hier von Variante 2. Aber: »Das Auto stand vor der Türe«, sagt mein Freund. »Das Problem: Ich hatte nur Platz für zwei, weil auf der Rückbank und im Kofferraum überall Geschenke lagen. Weihnachtsgeschenke für alle Polizeiposten im ganzen Land. Mit schönen Grüßen von der Zeitung, für die ich gearbeitet habe. Das ganze Zeug musste ich erst ausliefern.« Was tun?

»Wir sind alle drei vorne eingestiegen«, erzählt er. »Ich habe den Wagen gestartet, vor dem Lokal umgedreht und mich bei der Ampel zum Linksabbiegen eingereiht. Ich wollte über die Brücke. Die Wohnung lag jenseits der Salzach.«

Vier Uhr früh. Ein einsames Auto an einer Ampel. Dann ein zweites einsames Auto, das genau daneben zum Stehen kommt, um geradeaus zu fahren. Die Polizei.

»Die haben zu uns herübergeschaut und durch die Scheiben vorne drei Köpfe gesehen. Hinten keinen. In einem gewöhnlichen Pkw«, erzählt mein Freund. »Kein Wunder, dass sie sich gewundert haben.«

Die Ampel springt auf Grün. Hundert Meter später steht der Wagen meines Freundes mitten auf der Salzachbrücke. Hinter ihm der Polizeiwagen mit Blaulicht.

»Das war das Ende, oder?«, frage ich.

»Ja und nein«, sagt mein Freund. »Ich bin sofort raus aus dem Auto und nach hinten gewackelt. Zum Polizeiauto. Angriff ist die beste Verteidigung.«

»Stimmt«, sage ich. »Das sagen die Araber auch.«

»Ja, und wie es halt so ist, wenn du schon viele Jahre Polizeireporter mit Herz und Seele bist in einer Kleinstadt wie Salzburg. Irgendwann kennst du sie alle.«

»Wen?«

»Na, die Kieberer.«

»Ja, und?«, frage ich.

»Der Fahrer hat sich beim Fenster rausgehängt, als er mich gesehen hat, und geraunt: ‚Einer von euch dreien steigt aus. Schleich dich!' Also ist unser gemeinsamer

Freund ausgestiegen. Und um die nächste Ecke wieder ein.«

Ich schaue meinen Freund an, lache fast ein bisschen schrill. Seltsam schrill.

»Heute geht so etwas auch nicht mehr«, sagt der nach einer Weile und lacht auf eine ebenfalls sehr seltsame Weise. »Da lehnt sich keiner mehr für dich zum Fenster raus. Und einladen brauchst du sie auch nicht mehr auf ein Essen oder so. Heute trinken die Bullen im Wirtshaus um die Ecke nicht einmal mehr einen Kaffee aufs Haus.«

Schmäh oder nicht? Ich weiß es nicht. So ein gelernter Österreicher bin ich dann doch noch nicht. Wissen Sie es?

Es gibt da diese Handtücher, wo draufsteht: *Liebe ist ...* und hinterher irgendein Spruch. Wie zum Beispiel: *Liebe ist ... Geduld.* Darauf umgelegt, könnte die Butter dieser Geschichte heißen: *Kreativität ist ... überall etwas anderes.*

Oder: Humor und Geduld sind zwei Kamele, mit denen du durch jede Wüste kommst. Das dritte Kamel heißt Beziehungen.

Oder auch (seit ich weiß, dass bestechen im Deutschen verschiedene Bedeutungen haben kann, je nachdem, mit welcher Präposition du es verwendest. Einmal heißt es schmieren, ein andermal gut dastehen): Und so bestichst du in Syrien mit Bakschisch – und in Österreich durch Beziehungen.

PS.: Dabei fällt mir ein, dass ich selbst auch schon mal zu dritt vorne gesessen bin. Nicht in Syrien. Dort ist das keine große Sache. Da sitzen sie oft auch zu viert in der ersten Reihe. Und wenn dich einer anhält (wie es meinem Vater in der Nacht einmal passiert ist), kann es sein, dass der Polizist dich schimpft. Weil du ohne Licht fährst.

Nein, zu dritt vorne, in einem gewöhnlichen Pkw. Hier in Österreich. Im Burgenland. Alena, Ruth und ich. Und hinten (wie bei meinem Freund in Salzburg) saß ebenfalls keiner. Kein Mensch jedenfalls.

Alt+0235
Der Buchstabe des Gesetzes

Ja, in Österreich brauchst du wirklich für alles ein Papier. Nein. Mehrzahl. Papiere. Je mehr, umso besser. Von wegen papierloser Arbeitsplatz und so. Ganz besonders bricht so eine Papierschlacht rund um einen neugeborenen Sohn aus. Doch das leuchtet sogar einem Syrer ein, der es sonst gerne papierlos hält.

Obwohl … der echte Syrer hat zum Beispiel nicht mal einen eigenen Reisepass. Solange er nicht auf der Flucht ist. Oder vor hat zu fliehen. Früher, in den noch unbeschwerten Jahren vor dem Krieg und der großen Fluchtwelle, war das ganz normal, keinen Pass zu besitzen. Weil Syrer üblicherweise nicht verreisen. Nicht ins Ausland. Das eigene Land ist schön genug. Wozu also ein Pass?

Auch bei mir war es nicht anders. Meine längste Reise war über viele Jahre eine fünfstündige Autofahrt gewesen. Innerhalb Syriens. Bis ich den Entschluss gefasst hatte, eine Freundin zu besuchen, die mit der Familie in den Libanon geflohen war. Damals war noch keine Rede davon, dass ich selbst das Land Hals über Kopf verlassen würde. Andererseits stand meine Einberufung zum Militär ins Haus, und ich wollte alles, aber niemals auf Menschen schießen müssen.

Nur durch ein Zusammenspiel vieler glücklicher Faktoren gelang mir wenig später die Flucht, nachdem der Geheimdienst mich verhaftet hatte, bloß, weil ich zur falschen Zeit am falschen Ort gewesen war. Ich hatte Riesenglück, dass sie mich unerwartet wieder freiließen. Großes Glück auch, dass sie meinen Antrag auf Ausstellung eines Passes nicht entdeckten. Den hatte meine Mutter unbemerkt an sich genommen. Und Riesenglück, weil ich es mit Hilfe des brillant vernetzten Schleppers, von dem ich erzählt habe, tatsächlich über die Grenze schaffte. Darum, und nur darum besaß ich einen Reisepass, mit dem ich nach einer abenteuerlichen Reise bis hierher kam.

In Österreich hat jeder einen Pass. Auch mein Sohn, obwohl er noch ein Baby ist. Den erhält er so selbstverständlich, wie er auch Österreicher ist. Kraft seiner Geburt und kraft seiner Mutter, die gebürtige Steirerin ist. Die Papiere für ihn haben Alena und ich an einem einzigen Tag gemacht: Geburtsurkunde, Staatsbürgerschaftsnachweis und so weiter ... und das für 12 Euro. So viel haben die Fotos gekostet. Mein Sohn muss dazu nichts beitragen, vom ersten Atemzug an Österreicher zu sein. Nur schlafen, essen, verdauen, lachen, weinen und einfach sein.

Vom ersten Tag an ist mein Sohn glücklich, ohne dass er es schon weiß. Oder sagen wir so: Er kennt diesen Begriff noch nicht und die Umstände, die ihn, ganz abgesehen von der Liebe und Fürsorge seiner Eltern, zu einem glücklichen Menschen machen. Weil er in einem Land aufwachsen darf, wo er alles ganz selbstverständlich bekommt. Beste medizinische Versorgung, Kinderbeihilfe für Mama und Papa, damit sie es leichter haben, alle möglichen staatlichen Förderungen und Selbstverständlichkeiten, bis er ein erwachsener Mensch ist. Er darf gratis eine gute Schule besuchen, erhält die Chancen, tolle Ausbildungen zu machen.

Bis so ein Kind hier, sagen wir, 18 Jahre alt ist und einen Beruf hat (wenn es nicht noch einige Jahre studiert), kostet es den Staat und die Eltern eine Menge Geld. Familienministerium und Wirtschaftsforschungsinstitut haben das mal berechnet, und dabei ist herausgekommen: Im Monat kostet ein Kind ungefähr 625 Euro, bis zum 18. Geburtstag sind das fast 150.000.

Was für eine Menge Geld. Erst dann kann dieser junge Mensch (wenn er nicht weiter studiert) anfangen, der Gesellschaft zurückzugeben, was er fast zwei Jahrzehnte lang erhalten hat. Indem er arbeitet und seine Steuern zahlt. Und am Ende erhält er auch eine Pension.

Und dann kommt ein junger Mensch wie ich, mit knapp 20 Jahren oder etwas darüber, und eines der ersten Dinge, die ich vor allem aus dem politisch rechten Lager zu hören bekomme und zu begreifen beginne, ist: Ich bin unerwünscht. Weil ich den Staat nichts als Geld koste. Dabei kommen viele, die aus ähnlichen Gründen wie ich ihre Heimat haben verlassen müssen, bereits ausgebildet hierher. Oder teilweise. Jedenfalls so, dass sie schon recht bald anfangen können, etwas zurückzugeben von dem, was sie bekommen.

Als Flüchtling kommst du als weißes Blatt Papier, was die bisherigen Kosten für deine neue Heimat betrifft. Selbst wenn es drei Jahre dauern sollte, bis du gut genug Deutsch kannst und auch hier den Anforderungen des Arbeitsmarktes entsprichst, bist du für das System im Vergleich ein Schnäppchen. Und dann kannst du voll einzahlen. Für alle.

»Das wollen die Leute aber nicht so genau wissen«, sagt mein Freund, der Journalist.

Stimmt. Manche wollen das einfach nicht hören. Trotzdem empfinde ich es manchmal schon als zynisch. Ich selbst kann tun, was ich will. Rennen und mich bemühen und abstrampeln. Ich kann Integrationskurse besuchen und Lesungen halten, so viele ich will. Es würde mir auch nichts nützen, wenn ich einen Schnuller in den Mund nehme oder Windeln anlege. So einfach werde ich nicht Österreicher. Das kann dauern. Nein, es wird dauern.

Die Gesetze. Die Bürokratie. Die Papiere. Und überhaupt.

Ja. Die Papiere. So ein Papier brauchst du in Österreich selbstverständlich auch für fast jede Art von Job. Du machst den Job, weil man dir auf einem Blatt Papier (oder einem ganzen Stapel) gesagt hat, dass du ihn machen kannst. Machen darfst. Weil du lange genug auf irgendwelchen Sesseln gesessen oder in Werkstätten in

Ausbildung gestanden bist, bis sie dir mit einem Händedruck mitgeteilt haben:

Gratuliere herzlich. Wir lassen dich jetzt als Tischler, Ingenieur, Masseur oder Krankenschwester auf die Menschheit los. Na, gratuliere.

Du kannst es und du darfst es, weil du das entsprechende Papier fürs Dürfen und Können in Händen hältst. Lehrabschlussbrief, ein FH-Studium oder eines an der Uni. Und so weiter. Nur das Maturazeugnis allein, mit dem du (Ruth hat mir das erzählt) früher einmal ganz automatisch mindestens in einer Bank als Experte gelandet bist, ist heute kaum noch das Papier wert.

Kein schlechtes System, oder?

In Syrien läuft es so: Du machst es, weil du es kannst. Und aus. Oder du lässt es bleiben, weil du es nicht kannst. Und aus. Denn, wenn du es nicht kannst, spricht der Markt ein Machtwort über dich. Du sperrst den Laden auf, und die Münder deiner unzufriedenen Kunden sperren ihn wieder zu. Weil keiner mehr etwas von dir will, wenn Preis oder Leistung oder beides nicht passen. Auch das ist ein Aspekt der Gesprächigkeit von uns Arabern. Der Mund macht Propaganda. Für dich. Gegen dich.

Hoch angesehene und vom Fachwissen her hoch komplexe Berufe, wie zum Beispiel der eines Arztes, bedingen natürlich auch in Syrien ein Hochschulstudium. Das versteht sich von selbst. Doch eine Vielzahl von Berufen funktioniert nach dem Prinzip learning by doing. Verkäufer zum Beispiel. Oder Handwerker.

So wäre ich in Syrien etwa gelernter Installateur, ohne es gelernt zu haben. Nicht im Sinne eines Lehrabschlusszeugnisses oder Meisterbriefes. Installateur ist ganz einfach der Beruf meines Vaters. Darum habe ich auch (weil es wirklich dringend nötig war) bei Ruth im Badezimmer fachgerecht einen Brauseschlauch installiert, den Alena Bidet-Brause nennt. Meinetwegen. Hauptsache, ich kann mich säubern, wie es eines anständigen Arabers würdig ist (so viel noch dazu: Wenn Sie eine fremde Toilette ohne Wasserbrause betreten, dort jedoch eine volle Gießkanne, eine mit Wasser gefüllte Flasche oder Ähnliches entdecken, können Sie sicher sein: Hier sind Araber zu Hause. Bloß haben sie bisher nicht das Geld oder die Zeit aufbringen können, perfekte hygienische Zustände herzustellen. Also greifen sie zu diesem Behelf, ohne dass es deshalb gleich ein Pfusch wäre. Das nur nebenbei).

Ja, ich bin Schriftsteller und zugleich ein syrischer Installateur. Weil ich mir als Kind und Jugendlicher das ganze Wissen meines Vaters abgeschaut habe, und er es mir seinerseits angelernt hat. In Österreich wäre ich damit bestenfalls ein ungelernter Pfuscher. Obwohl ich da wie dort das exakt Gleiche täte. Gleich gut. Oder gleich schlecht.

Auch ohne gute Fachkenntnis kommst du hierzulande mit geschicktem Marketing und raffiniert eingefädelter Platzierung deines Betriebes in Branchenverzeichnissen oder auf Google erstaunlich weit. Bis es dich, weil du versagst oder betrügst, endgültig wieder aus dem Kreislauf hinausspült, dauert es. In Syrien regelt das der Markt der Straße ziemlich flott und unbürokratisch. Bist du gut, treiben sie dir neue Kunden zu. Bist du schlecht, treiben sie dich in den Ruin.

Standesvertretung, oder wie das hier heißt, ist im Arabischen ebenfalls ein Fremdwort. Ich weiß, jene, die diese Vertretungen für unverzichtbar halten, hören das nicht gerne. Weil jeder nur tun sollte, was er auch wirklich kann.

Das sehe ich ähnlich. Doch warum darf ich dann in Österreich beispielsweise als Medieninformatiker, der 3D-Modellierungen und Echtzeit-Computergrafiken beherrscht, in der Küche aber bestenfalls ein Butterbrot schmieren kann, ein Gasthaus aufmachen und als perfekter Hobbykoch ohne Gewerbeschein nicht?

Kein Scherz. So und nicht anders läuft es hier. Ich habe das natürlich recherchiert, bevor ich mich da zu weit aus dem Fenster lehne. Ohne Beziehungen. Alena hat mir geholfen, mich durch diesen Wirrwarr zu kämpfen. Auch, weil ich mit dem Gedanken gespielt habe, selbst ein Restaurant zu eröffnen. Ich koche doch für mein Leben gerne – aber für ein eigenes Lokal fehlt mir einfach das nötige Kleingeld.

Zuerst mal haben wir eine Reihe von Zeitungsartikeln durchforstet. Die halbwegs seriösen Blätter, bitteschön. Da sind wir unter anderem auf Menschen gestoßen, die solche Absurditäten im österreichischen Kammer-Unwesen sammeln. Ein paar Beispiele gefällig? Also:

Der Malermeister darf keine Rigips-Wand aufstellen.

Der Fremdenführer darf kein Reisebüro aufmachen.

Wer in der Schule das Schneidern lernt, darf eine Änderungsschneiderei eröffnen. Immerhin. Selbst designte Stücke anbieten (weil er/sie auch – im österreichischen, nicht im arabischen Sinne – besonders kreativ ist) darf er/sie allerdings nicht.

Der Nageldesigner darf Fingernägel lackieren. Zehennägel nicht.

Die Backstube ohne zertifizierten Konditor darf keine Kekse verkaufen (und muss hoffen, dass die Kostproben, die bei der Innung samt allen möglichen Nachweisen einer »individuellen Befähigung« eingereicht werden müssen, gut ankommen). Und wenn es überraschenderweise klappt, heißt es: Kekse ... nun gut, soll sein, die schmecken auch gar nicht so übel, aber Apfelstrudel und Cremeschnitte sicher nicht. Verstanden? Wir kontrollieren das.

Und so weiter. Eine endlos lange Liste solcher absurden Schikanen gibt es da. Und dann haben wir weiter gegraben und sind im Netz auf der Seite der Wirtschaftskammer (fein säuberlich unter einem Unterpunkt eines Unterpunktes eines Unterpunktes) darauf gestoßen:

Voraussetzungen für die Gastgewerbeausübung.

Da gibt es ganz viel Blabla und sperriges Amtsdeutsch. Da steht unter anderem, wer welchen Alkohol ausschenken darf und wer nicht. Und so weiter. Spannend wird es aber bei den Unterlagen, die mitzubringen sind. Für den Gewerbeschein. Da findet sich nämlich neben Dingen wie dem Ausweis natürlich diese kleine Überschrift: *Unterlagen über akademische Grade.*

Die detaillierte Liste aller akademischen Würden und sonstiger Ausbildungen, die nichts mit Kochen zu tun haben und trotzdem ganz automatisch zum Führen eines Wirtshauses befähigen, ist wiederum im Unterpunkt eines Unterpunktes eines Unterpunktes versteckt. Ich vermute, das hat einen Grund. Einige davon lasse ich mir ja noch einreden. Etwa alle, die den Namen *Höhere Lehranstalt* tragen und hinterher etwas, das mit Tourismus zu tun hat. Klar. Die dürfen das. Die können das auch. Mehr oder weniger.

Doch wie sieht es aus mit der Höheren Lehranstalt für Wirtschaftliche Berufe? Zum Beispiel mit Schwerpunkt Chinesisch? Gibt es deshalb so viele China-Restaurants? Oder Schwerpunkt Sozialverwaltung? Humanökologie? Wellness und Bewegung? IT-Support?

Und jetzt bin ich noch gar nicht bei den klassischen Akademikern angelangt. Also darf auch der Herr Pfarrer als promovierter Theologe ein Gasthaus aufsperren? Es sieht ganz danach aus. Immerhin verteilt er ja am Sonntag in der Messe die Hostien, verfügt also über gewisse praktische Erfahrung bei der Ausspeisung von Menschen.

Ich werde Vater – aber:
Bin ich deshalb ein Außerirdischer?

Ich schweife schon wieder ab. Wir waren bei den Papieren für einen neugeborenen Sohn. Wir waren bei dem Verständnis, das sogar wir Syrer für diese Art von Bürokratie aufbringen. Solange sie es in den Amtsstuben nicht übertreiben.

Die Schwangerschaft einer steirischen Frau stellt einen Araber vor Herausforderungen. Vor allem, wenn diese schwangere, steirische Frau seine Frau ist. Mir ist es da nicht anders ergangen als allen Arabern vor mir. Wobei … so viele dürften alle nicht gewesen sein, denn überall, wo ich als werdender arabischer Vater mit meiner immer mehr werdenden, wunderschönen Frau Alena aufgetaucht bin, hat es erstaunte Gesichter gegeben.

Außerirdische würden vermutlich nicht mehr bestaunt werden als wir beide. Bloß dass es bei denen ihre Erscheinung an sich ausmachen würde. Bei Alena und mir jedoch der Kontrast.

Generell ist diese Außerirdischen-Beschau der hochschwangeren Steirerin und ihres im Vergleich ziemlich dunkelhäutigen Begleiters mit dem ballonartigen Haar so verlaufen:

Die Erwachsenen haben zuerst Alena angesehen. Dann mich. Dann wieder Alena. Dann wieder mich. Sie haben uns taxiert und nachgedacht. Bei den Kindern hat sich die Abfolge der Blicke völlig anders abgespielt. Ich denke da ganz besonders an eine Begegnung im Spätsommer in der Altstadt von Graz:

Alenas Bauch ist zu diesem Zeitpunkt wirklich schon riesengroß. Wir stehen an der Bim-Haltestelle. Eine ältere Dame hält vor uns an. Sie sieht Alena an. Dann mich. Dann Alena. Und so weiter. Die beiden Enkelkinder (zwischen fünf und sieben Jahren), die sie bei sich hat, machen das anders. Ihre Augen hängen zuerst mal ewig lange auf Alenas drallem Bauch (ähnlich müssen Bergsteiger empfinden, wenn sie über sich einen übermächtigen Überhang sehen, über den sie drüber müssen).

Dann, irgendwann, blicken alle beide mich an. Und dann, wieder irgendwann, Alena. Wir können es richtig knirschen hören in den Denkstuben der Kinder. Sie denken und denken und überlegen und basteln sich ein fantasievolles Bild, was da wohl als Mischung herauskommen mag.

Allein schon die Haare. Meine kennen Sie ja vom Foto auf dem Buchcover. Alenas Haare hingegen sind glatt, schulterlang und auf eine natürliche Weise sehr blond. Auch die Ärztin im Spital, bei der wir mehrmals zur Ultraschalluntersuchung waren, hat das zum Thema gemacht.

»Na, ich bin gespannt, was das wird«, hat sie jedes Mal gesagt.

»Was das?«, haben wir jedes Mal gesagt.

»Na, das mit den Haaren.«

Eine Herausforderung sind aber nicht nur die Blicke der Menschen auf ein ungleiches Paar wie Alena und mich. Herausfordernd, besonders für einen Araber, ist auch seine Rolle als werdender Vater und zugleich moderner Mann. Hier in Europa.

Begonnen hat es damit, als ich eines Tages (Alena war vielleicht im fünften Monat oder so) beim Essen nebenbei gesagt habe:

»Weißt du ... ich denke, ich werde besser nicht bei der Geburt dabei sein.«

»Natürlich nicht, Omar«, hat Alena geantwortet und gelacht.

Ich war zufrieden. Anfangs. Doch dann habe ich bemerkt, dass Alena das bloß als einen neuen meiner vielen Scherze betrachtet hat.

»Stimmt«, sagt Alena zu meinem Freund, dem Journalisten. »Dass er NICHT dabei sein könnte bei der Geburt, war für mich nie ein Thema. Nicht eine Sekunde. Es konnte also nur einer seiner Scherze sein.«

Irgendwann habe ich begriffen: Alena meint das mit dem Scherz todernst. Aber ganz wollte ich mich nicht geschlagen geben. Also habe ich meine Mutter um Schützenhilfe gebeten. Um moralische Unterstützung am Telefon.

Dieser Schuss ging jedoch nach hinten los. Denn meine Mutter hatte nichts Besseres zu tun, als bei ihren Freunden und Verwandten herum zu erzählen, dass ihr

Sohn Omar der allererste syrische Mann überhaupt sein würde, der bei der Geburt seines Kindes dabei ist.

»Woher willst du wissen, dass ich der Erste bin?«, habe ich gefragt.

»Bestimmt bist du das«, hat sie gesagt. »Wer kommt denn hier schon auf so eine Idee?«

»Mama«, habe ich ins Telefon gerufen. »Ich habe dich um Hilfe gebeten … und jetzt fällst du mir so in den Rücken? Das kannst du doch nicht machen!«

»Aber ja, Omar. Du wirst sehen. Du machst das bestimmt wunderbar. Außerdem schadet es dir gar nicht, wenn du siehst, was Frauen alles mitmachen müssen.«

Danach bekam ich noch wertvolle Tipps von ihr mit auf den Weg, wie ich Alena behandeln soll während der Geburt. Vom richtigen Streicheln bis zum perfekten Getränk, das ich ihr verabreichen soll.

Tja, das nennt sich gelebte Frauensolidarität über alle Grenzen hinweg. Übrigens – hier in Europa sagen die Menschen: Richtig verheiratet ist ein Mann erst, wenn er jedes Wort seiner Frau versteht, das sie gar nicht gesagt hat. Auf Arabisch fällt mir da nichts Vergleichbares ein. Dennoch: Dass Alena natürlich davon ausgeht, dass ich der Geburt unseres Sohnes beiwohne, habe ich dann irgendwann auch ohne weitere Worte begriffen.

Was machen Mann und Frau hier in so einem Fall?

Genau. Ein Geburtsvorbereitungskurs für Paare. Auch dieses Wort (Sie haben es bestimmt längst gewusst) existiert nicht in meiner Muttersprache. Also sitze auch ich an der Seite meiner Frau Alena in so einem Kurs. Schließlich hat sie das mit dem Scherz todernst gemeint. Ich lerne, wie sie das richtige Atmen lernt, und ich habe das Gefühl, dass man von mir dasselbe erwartet.

Viele Blicke sagen mir: Omar, du bist der erste syrische Mann, der sich hierher verirrt hat.

Eine innere Stimme sagt mir: Omar, in deiner alten Heimat bekommt deine Frau dieses ganze Wissen für null Euro vermittelt. Von der Mama. Der Oma. Einer Tante. Hier jedoch nehmen sie gutes Geld dafür.

Und dann sagt mir dieselbe innere Stimme auch noch: Ja, so ist das eben, wenn die Familie nur noch auf dem Papier existiert. Wenn die Aufgaben dieser Familie an andere Menschen übertragen werden. Darum gibt es hier auch die Geburtsvorbereitung für werdende Väter. Nicht, dass ich mich darüber lustig machen wollte, doch werden Themen besprochen, die einem Araber niemals in den Sinn kämen. Zum Beispiel:

Welche Kompetenzen bringe ich als Vater mit? Welche würde ich gerne erwerben? Und die Fragen aller Fragen: Welcher Vater möchte ich sein?

Na, ein guter natürlich!, rufe ich mir selbst zu. Und weiter?

Je mehr ich mich darauf einlasse, umso mehr merke ich: Omar, du bist längst nicht mehr der Araber, als der du deine alte Heimat verlassen hast. Du hast begonnen, hier anzukommen. Und dann wiederum frage ich mich: Was sagen meine syrischen Freunde dazu? Zum Beispiel, wenn sie mich zum ersten Mal mit einer Babytrage auf der Straße herumlaufen sehen? Und dann wiederum frage ich mich: Was, wenn ich ihnen erzähle, dass ich mit Alena übe, auf einem großen Gummiball zu sitzen, oder wir uns an Tüchern versuchen, die von der Decke hängen oder ein Gerät vorgestellt bekommen, das sich Gebärhocker nennt? All diese für einen arabischen Mann so lustigen Geräte. Wenn das mein Vater in Syrien wüsste! Stimmt nicht. Er weiß es inzwischen. Vielleicht nicht das mit dem Gebärhocker. Aber sehr viel anderes. Weil ich es mir zur Angewohnheit gemacht habe, meinem Vater immer dann, wenn es gerade lustig ist, ein bisschen was aus Österreich zu erzählen. Er flippt zum Beispiel völlig aus, wenn ich ihm sage, was hier eine Flasche Coca-Cola kostet. Etwa aus dem Getränkeautomaten in einer der Schulen, wo ich in letzter Zeit oft Workshops zum Thema Integration und Ähnlichem abhalten durfte.

»Zwei Euro?!?«, schreit er dann ins Telefon.

»Ja. Das ist normal.«

»Spinnst du? Wie viele trinkst du davon?«

»Jetzt gerade nur eines.«

»Nein. Im Monat. Wie viele?«

»Vielleicht zehn.«

»Dann trink nur drei, spare den Rest und schick mir das Geld! Nein, trink am besten gar keines!«

Solche Gespräche laufen natürlich über Skype oder mehr noch über WhatsApp, weil es sonst viel zu teuer wäre. Die Verbindung ist meist schlecht. Sie reißt ab. Sie kommt wieder. Ein ewiges Hin und Her. Genauso wie die Gespräche auch. Da heißt es die ersten 20 Minuten immer nur:

»Hallo?«

»Hallo!«

»Omar? Wie geht es dir?«

»Mir geht es –«

»Hallo? Ooomaaar! Wie geht es –«

»Hallo, Baba ... die Verbin–«

»Omar? Mir geht es gut. Und deiner Mutt–«

Und dann wieder von vorne.

»Hallo?«

»Hallo!«

Und so weiter. Hält die Verbindung, wird es auch nicht wirklich spannender. Weil er dann immer wissen will, wie es Alena und Ruth geht (mehr als »gut« will er gar nicht wissen), wie es den anderen Syrern hier geht, die er kennt. Vor allem meinem Freund Firas. Und sonst noch ein paar. Und er erzählt natürlich, wie es diesem und jenem in der alten Heimat geht.

»Deinen Tanten geht es gut, Omar. Den Onkeln auch.«

»Schön, Baba.«

»Omar? Geht es dir auch wirklich gut?«

Mehr ist normalerweise nicht. Das schreit nach Auflockerung. Also beginne ich, aus dem Alltag in Österreich Geschichten zu erzählen, von denen ich ganz genau weiß, dass sie meinen Vater auf die Palme bringen. Ist er so richtig fassungslos, lache ich drauflos. Bis mir der Bauch wehtut und ich fast nicht mehr telefonieren kann.

Andererseits beschäftigt mich die Logik meines Vaters, das Geld für ein Cola nicht leichtfertig auszugeben, sondern zu sparen und ihm und der Familie zu schicken, immer wieder ungemein. Weil es doch so ist: Wir werfen zwei, vier, zehn Euro mehr oder weniger zum Fenster hinaus. Für ein Spaßgetränk oder was immer. Anderswo entscheiden die paar Euro darüber, ob Menschen überleben können oder nicht.

Und dann ist er auf einmal da. Der große, so aufregende Tag, als Alena die Wehen bekommt und wir ins Landeskrankenhaus Graz fahren. Wir sind natürlich nervös, doch zuversichtlich. Immerhin sind wir vollgepackt mit Wissen, wie wir mit Gebärstuhl, Sprossenwand und dem Rest umzugehen haben. Wir. Nicht nur Alena. Doch genau dieses Wissen, das ihr die Geburt erleichtern sollte, hat uns beide auf eine sehr harte Probe gestellt. Denn: Zwar haben wir jedes Hilfsmittel vorgefunden wie originalgetreue Kopien aus dem Kurs, doch bei jedem einzelnen – ob Sprossenwand oder Taue oder sonst was – hat die wirklich sehr freundliche Hebamme mit bedauernder Stimme gesagt:

»Bitte nicht verwenden. Das funktioniert zwar einwandfrei .... aber es ist noch nicht zertifiziert.«

Oder: »Nein, das auch nicht. Da fehlen zwei Schrauben in der Wand.«

Oder: »Das wackelt. Besser nicht. Wer weiß, was ...«

Übriggeblieben ist am Ende nur der große Ball zum Draufsetzen. Alena hat meine wachsende Unsicherheit gesehen und gelacht und gesagt: »Omar, mach dir nix draus. Auch das ist typisch österreichisch.«

Das mit dem Lachen war dann rasch vorbei.

Woher kommst du?

Rund um die Geburt unseres Sohnes habe ich unwahrscheinlich viel gelernt. Vor allem, dass Frauen sooo hart im Nehmen sind. Und dass der echte arabische Mann dort aufhört, wo er eine Frau in den Kreißsaal begleitet. Weil er erfährt, was sie alles aushalten kann. Und weil er sich spätestens da (ganz heimlich und ohne jemals mit seinen arabischen Freunden ein Wort darüber zu verlieren) diese Frage stellt:

Wie würde es mir ergehen?

Ich habe es in ihrem Gesicht gelesen, und das zu erkennen, war bestimmt keine große Leistung von mir: Alenas Schmerzen müssen enorm gewesen sein.

»Ich habe dich vorgewarnt«, sagt Alena.

Ja, das hat sie. Ihr Vorbereitungskurs auf die Geburt, den sie für mich ganz privat abgehalten hat, hat so gelautet: »Omar, egal was passiert. Du verlässt den Kreißsaal nicht. Hast du verstanden? Ganz egal, was passiert!«

»Was meinst du, Alena?«, habe ich gefragt.

»Auch wenn ich dich beschimpfe. Auch wenn ich dich schlage. Es ist nichts Persönliches. Es ändert nichts an unserem Verhältnis. Aber du gehst NICHT hinaus, verstanden?«

Begriffen habe ich das erst, als es soweit war.

Sie hat gesagt: »Setz dich da her. Halte meine Hand. Rühr dich nicht von der Stelle. Und aus.« Bald danach habe ich sie wie in Trance erlebt. Ja, und sie hat mich geschlagen und geschimpft und ich habe mir gedacht: Was kann ich für sie tun?

Also hab ich in dem Moment, als sie (glaube ich jedenfalls) die allergrößten Schmerzen gehabt hat, ihr mit der allerweichsten Stimme, die ich nur habe, ins Ohr geflüstert:

»Alena, wie geht es dir?«

»Haaalt den Muund!!!«, hat sie geschrien.

Augenblicklich habe ich gelernt: Das ist nicht die perfekte Frage, Omar, die du einer Frau mit Geburtsschmerzen stellen kannst.

Und noch etwas kann ich allen arabischen und nicht-arabischen zukünftigen Vätern aus eigener Erfahrung raten: Wenn deine Frau in den Wehen liegt, sie die Augen geschlossen hat und du glaubst, das wäre jetzt der geeignete Moment, um deiner wo auch immer in der

Welt auf Nachricht wartenden Mutter mitzuteilen, dass ihr Enkelkind unterwegs ist – macht niemals, was ich getan habe. Sonst kann es geschehen, dass die Frau, die eben noch wie bewusstlos vor dir liegt, plötzlich aus vollen Kräften schreit:

»Tuuu ... daaas ... scheiiiß ... Haaandy ... weeeg!!!!«

Später, als wir schon darüber zu lachen begonnen haben, hat Alena mir endlich verraten, warum sie mich so geschimpft hat. »Weil ich gedacht habe: Das ist so gemein. Ich sterbe hier fast vor Schmerzen. Und er hat nichts Besseres zu tun, als auf seinem Handy zu spielen.«

Und dann habe ich begonnen zu weinen. Als er da gewesen ist. Unser Sohn. Als mir mehr und mehr bewusst geworden ist, dass ich nicht nur Vater geworden bin. Das allein ist schon bewegend genug. Nein. Ich bin es in der Fremde geworden. Hier, in Österreich. Als Flüchtling. Mit einer österreichischen Frau, die mir Heimat geworden ist. Wie das Land, das mich so freundlich aufgenommen hat, auch. Und ich frage mich still:

Woher kommst du?

Das ist die Frage, die ich hier sooft zuallererst zu hören bekommen habe. Und nun stelle ich dieselbe Frage meinem Sohn, in Gedanken bloß und unter gänzlich anderen Voraussetzungen.

Woher kommst du, kleiner Mann? Von einem anderen Stern?

Jetzt bin ich es, der auf einmal wie in Trance ist. Alena nicht mehr. Sie ist zurück im Jetzt, wird mit jedem Atemzug ihres Kindes an der Brust stärker und stärker. Ich bin es, der schwebt. Das Wunder Geburt ist an mir vorübergeflogen und ich habe das Wunder kaum fassen und halten können. Alles ist so unbegreiflich. Alena. Ihr Zustand. Ihre Kraft. Dieses kleine Wesen. Wie es plötzlich in die Welt schlüpft und in den Armen seiner Mutter liegt.

Allmählich fange auch ich mich wieder, und ohne es zu wollen, denke ich daran: Ja, Omar, du hättest wirklich ein Wettbüro aufmachen sollen. So oft, wie du darauf angesprochen worden bist. In den Wochen und Monaten vor der Geburt. Weil so viele dagegen gewettet hätten. Haben. Also rutscht mir mein erster Satz nach der Geburt einfach so über die Lippen:

»Schau, Alena, er hat meine Haare. Nicht deine.«

Promibonus für einen syrischen Flüchtling?

Abgesehen davon, dass sie die Haarfarbe ihrer Ungeborenen auch nicht hundertprozentig vorhersagen können, die Wahrscheinlichkeit für schwarz jedoch sehr hoch ist, wenn zwischen dem arabischen Mann und der arabischen Frau in der Ehe alles mit rechten Dingen zugeht, sagt man in Syrien über das weibliche Geschlecht:

Frauen haben einen sechsten Sinn.

Das ist bestimmt auch so ein universelles Gesetz, das sich aus den arabischen Ländern quer über den Globus ausgebreitet hat. Und dann gibt es auch noch den siebten Sinn. Für Menschen, die besonders vorausschauend handeln. Handeln müssen. Weil das System es von ihnen verlangt. Ich glaube, Alena ist so eine Frau mit dem siebten Sinn. Sie ist ja auch gelernte Österreicherin. Darum handelt sie vorausschauend. Vor allem, wenn es um Behörden geht. Weil du nie wissen kannst.

Blenden wir nur um ein paar Tage zurück. Vor die Entbindung. Zu unserem ersten Besuch auf dem Standesamt in Graz. Ein Ort, der mir bis dahin fremd gewesen ist. Fremd war mir übrigens auch, dass dort nicht nur amtlich geheiratet und gestorben wird, sondern auch Namen für Kinder in die Welt gesetzt werden.

Wir sitzen also in der Amtsstube einer fokussierten, dabei aber sehr freundlichen Beamtin.

»Sie haben ja vor ein paar Tagen angerufen«, sagt die Sachbearbeiterin. »Warum ich Sie dennoch hergebeten habe … es ist wegen der Anerkennung der Vaterschaft und weil der Herr … Ala … Alanam ja nicht von hier … also weil er Syrer ist und nicht … na ja, also, deshalb wollte ich Sie beide vorher lieber sehen.«

Wir nicken. Ist ja keine große Überraschung.

Dann erklärt sie uns, was wir an Papieren benötigen, um unseren Sohn in den ersten Tagen nach der Niederkunft zu einem Österreicher zu machen. Alena weiß das alles längst aus dem Netz, tut aber so, als wäre es neu.

»Wie soll das Kind heißen?«

Wir halten der Sachbearbeiterin den Namen auf einem Stück Papier entgegen. Damit sie weiß, wie er sich korrekt schreibt. Genau, wie wir ihn haben wollen. Für einen Moment hebt sie die Augenbrauen, dann macht sie sich eine Notiz.

Wir verlassen das Standesamt. Nichts geschieht, und mein Freund, der Journalist, würde spätestens an dieser Stelle wieder herzhaft gähnen vor Langeweile.

Dann die Geburt. Und dann, als wir ein paar Tage danach als junge glückliche Familie zu Hause sind, sagt Alena eines Morgens: »Omar, heute gehen wir wieder zum Standesamt. Wir müssen seinen Namen eintragen lassen.«

Ich möchte mich schon bereitmachen. Doch Alena klemmt sich zu meiner Überraschung erst noch hinter den Laptop.

»Jetzt können wir gehen«, sagt sie nach einer ganzen Weile und hält einen kleinen handgeschriebenen Zettel in der Hand, der aussieht wie ein Schummelzettel in der Schule. Sie steckt ihn zu den Dokumenten. Als ich nachfrage, schweigt sie mich mit einem tiefgründigen Lächeln an.

Erst unmittelbar vor dem Standesamt verrät sie es mir: »Das hier, Omar«, sagt sie fast geheimnisvoll und holt den Zettel hervor, »ist der Schlüssel. Dein Vater hätte seine Freude mit mir. Weil ich kreativ bin. Damit niemand sagt: Das geht nicht.«

Was hat Alena getan?

Ganz einfach. Sie hat sich auf die Jagd nach den zwei Punkten über dem e gemacht. Weil unser Sohn zwar nicht Citroën heißt (ist ja auch keine deutsche Automarke), aber Naël. Das bedeutet so viel wie: Sohn des Löwenkönigs. Oder auch: Der Sieger, der alles schaffen kann. Oder auch: Geschenk Gottes.

Alles passend für einen neuen Erdenbürger, dessen Vater vor dem Krieg in Syrien geflohen ist, habe ich mir gedacht, als Alena und ich uns einen Namen für unser Kind überlegt haben.

Übertreiben wie einige meiner Landsleute und Männer aus Ghana wollte ich es dann aber auch wieder nicht mit dem Namen. Da gibt es ja welche, die 2015 mit der großen Welle nach Deutschland geschwappt und bald darauf Väter geworden sind und ihre Töchter tatsächlich nach Deutschlands Obermutti benannt haben.

Die einen haben sie Angela genannt.

Die anderen Merkel.

Natürlich kenne ich den Unterschied zwischen selten und seltsam. Und Merkel ist eindeutig ein seltener Name. Als Vorname nämlich. Ich habe nachgelesen. Merkel stammt aus dem Althochdeutschen und ist so etwas wie eine Koseform von uralten Namen, die mit Mark anfangen. Markward zum Beispiel. Merkel hat ursprünglich einmal so etwas bedeutet wie: Hüter, Schützer. Mit Grenze hat der ursprüngliche Wortstamm marcha auch zu tun. Passender könnte ihn Angela Merkel also nicht tragen.

In der Schweiz ist der Name gleich so selten, dass ihn zuletzt nur drei Frauen trugen. Bei mehr als acht Millionen Einwohnern. Und in Deutschland wird statistisch gesehen auch nur maximal eines von 100.000 Mädchen so getauft. Merkel rangiert da an 10.341. Stelle, habe ich gelesen. Unglaublich, dass es dort überhaupt so viele Namen zur Auswahl gibt. Jedenfalls haben die Syrer und Ghanesen das Ranking kurzfristig auf den Kopf gestellt und Merkel als Vornamen weit nach vorne geschossen.

Aber warum haben sie das getan?

Ganz einfach. Syrer, nein: allgemein Araber (und interessanterweise auch Menschen aus Ghana) neigen dazu, dass sie Menschen, die ihnen etwas besonders Gutes getan haben, auf ihre Art heiligsprechen wollen. Sie schmeißeln ihnen dann.

»Es heißt schmeicheln«, sagt Alena.

Ya-iIlahi. Schmeißeln. Schmeicheln. Was ändert das schon? So oder so zeigen Araber ihre Dankbarkeit auf ihre Weise. Dabei kann es leicht geschehen, dass sie ein wenig übertreiben. Andererseits sind gerade die deutschen Namen etwas, das bei Arabern oft für helle Begeisterung sorgt. Einfach, weil sie so lustig sind. Weil sie manchmal exakt so klingen wie Begriffe im Arabischen, bloß mit einer völlig anderen Bedeutung.

Ein Beispiel?

Also gut. Da wäre das arabische Wort *Gu*. Vor allem syrische Kurden verwenden es oft. Es bedeutet Scheiße.

Und dann das Wort *Drun*. Es bedeutet Furz. Hier steht die Verbindung aus beiden für etwas völlig anderes. Wikipedia sagt, Gudrun bedeutet so viel wie: die kämpferische Geheimnisvolle. Erklären Sie das einmal einem Kurden.

Auch daran erinnere ich mich noch, als wäre es gestern gewesen. Als wir (ein paar Syrer und ich) bei einer steirischen Freundin zu Besuch sind, der Hund ihres Vaters mit freundlich wedelndem Schwanz angelaufen kommt und sie zu uns sagt:

»Darf ich vorstellen? Das ist der Seppi.«

Wir haben fast geweint vor Lachen. Seppi im Arabischen (genauso ausgesprochen) heißt nichts anderes als: mein Penis. Vor allem die Marokkaner verwenden es gerne, wenn sie jemanden händeln wollen.

»Hänseln«, sagt Alena.

Wie auch immer. Ich habe jedenfalls gehört, dass man hier auch zu Menschen Seppi sagt. Was ich noch gehört habe: Einheimische Kinder sagen Seppi in der Absicht, marokkanische Mitschüler, bei denen sie das gehört haben, nachzumachen. Sie glauben, das sei cool und haben keine Ahnung, was es für ihre Alterskollegen bedeutet.

Solche Beispiele gleich klingender Begriffe mit völlig unterschiedlichen Bedeutungen gibt es natürlich quer durch alle Kulturen und Sprachen. Spanischsprachige lachen bestimmt, wenn sie in Resteuropa einen Mitsubishi sehen, der mit der Typenbezeichnung Pajero (Spanisch für Wichser) herumfährt. Und das deutsche Wort Kuss ist im Arabischen eine ziemlich abfällige Bezeichnung für das weibliche Geschlechtsorgan. Eine Beleidigung ist es obendrein. Und so weiter.

Umgekehrt geht es mir da nicht besser. Auch über mich haben die Menschen schon ziemlich viel gelacht. Nicht nur zu Beginn meiner Zeit hier in Österreich, als ich mal bei einer Lesung zwei Mädchen draußen auf der Straße unbedingt überreden wollte, auch zu der Veranstaltung zu kommen. Und das passende Verb nicht fand. Und zu ihnen sagte: »Wie kann ich euch verwöhnen?« Und dann, als sie mich entgeistert ansahen, auch noch meinte: »Nein, es soll heißen: Wie kann ich euch verführen?«

Oh ja, auch jetzt, nach fünf Jahren, erwischt es mich immer wieder. Ich denke da nur an das Gesicht des Apothekers vor Kurzem. Weil es einfach nicht in meinen Kopf hineinwill, dass es einen Unterschied macht, ob ich Zapferl oder Zipferl sage.

Sie wissen, was kommt, oder?

Richtig. Alena hatte mich losgeschickt, weil es Naël nicht gutging. Etwas gegen das Fieber sollte es sein. Und natürlich habe ich gesagt:

»Ich hätte gerne ein Zipferl für meinen Sohn.«

Oder einmal, als ich mit einem Freund Hosen kaufen war und für ihn gedolmetscht habe. Es war gerade Ausverkauf, und an der Kassa hat mein Freund sich bei mir bedankt und zufrieden gesagt: »Mu-schi.« Das heißt auf

Arabisch: ein guter Preis. Können Sie sich das Gesicht der Verkäuferin vorstellen?

Ähnlich ist es mir auch in einem Fachgeschäft für Babyzubehör ergangen. Weil ich Wippe gemeint, doch Vibrator gesagt habe.

Und dann wäre da noch das Wort Tourist. Nicht bloß einmal habe ich schon gesagt (wie zum Beispiel in Amsterdam, als ich mich als Österreicher ausgegeben habe, was relativ einfach war, weil ich besser Deutsch konnte als die meisten):

»Ich bin ein Terrorist aus Österreich.«

Ich kann es einfach nicht auseinanderhalten. Obwohl mein Freund, der Journalist, meint, dass da oft genug ohnehin kein Unterschied besteht.

Ja. Die Sprachen. Die Kulturen. Ihre Menschen. Auf den ersten Blick könnte man das als trennend bezeichnen. Doch ich halte es anders. Für mich sind all diese Dinge Teil einer großen Klammer, die Gemeinsames heißt. Allein schon, weil es sich doch so wunderbar gemeinsam lachen lässt. Ich muss dann auch immer an die berühmte Gelbe Flotte denken. Mein Freund, der Journalist sagt, dass man den Begriff hier meist nur für den Fuhrpark des Autofahrerclubs ÖAMTC verwendet. Doch in Wahrheit ist er viel älter, hat mit der Wüste zu tun und steht für ein Musterbeispiel gemeinsamen Handelns unter Umständen, wo genau das niemals erwartet worden wäre. Ein Symbol des friedlichen Miteinanders.

Kennen Sie die Geschichte der Gelben Flotte?

Sie liegt mehr als fünfzig Jahre zurück. Begonnen hat alles 1967. Und gedauert hat es bis 1975. Acht Jahre lang hingen da insgesamt 14 Frachtschiffe im Suezkanal fest. Weil genau da, als sie ihn von Port Taufiq kommend nordwärts befuhren, der Sechstagekrieg zwischen Israel auf der einen und den arabischen Staaten Ägypten, Jordanien und meiner alten Heimat Syrien auf der anderen Seite ausbrach.

An der breitesten Stelle des Kanals, dem Großen Bittersee, gingen die Schiffe alle vor Anker. Und dann wurde es auch wirklich bitter. Denn sie saßen fest. Zwar dauerte der Krieg, wie schon der Name sagt, nur eine knappe Woche. Doch absichtlich versenkte Schiffe blockierten den Kanal zu beiden Seiten. Die Schiffe und ihre Besatzungen saßen auf unbestimmte Zeit fest. Zwar hatten alle Frachter die Kämpfe unbeschadet überstanden, doch änderte sich ihr Erscheinungsbild ziemlich. Weil der Wüstenwind große Mengen Sand herantrug und die Schiffe allmählich mit einem Schleier überzog. Darum der Name: Gelbe Flotte.

Die Lage schien aussichtslos. Wenigstens in den Augen der Politiker. Doch es geschah, was viele in diesen angespannten Zeiten nicht für möglich gehalten hätten. Die Menschen auf den Schiffen taten, was Menschen eben gerne tun und auch immer tun sollten:

Menschlich sein.

Ein Teil der Mannschaften konnte die Region relativ bald verlassen. Die übrigen wurden halbjährlich ausgetauscht. Und die Seeleute fingen an, sich über alle Unterschiede und Grenzen hinweg auszutauschen. Sogar eine Art Verein wurde gegründet, die »Great Bitter Lake Association«, mit dem Ziel, die gegenseitige Hilfe und Freundschaft zu fördern. Viele Jahre später, 2009, wurde eine großartige Dokumentation über die Jahre, vor allem aber über die im Suezkanal festgesessenen Menschen, gedreht. *Gefangen im Bittersee.* So bin auch ich auf diese wunderbare Geschichte gestoßen.

Ja, an all diese Dinge und noch an viel mehr muss ich denken, wenn ich zurückdenke, warum Naël Naël heißt und nicht anders. Und warum ich ihn beispielsweise (bei aller Dankbarkeit für meine Aufnahme in Österreich) nicht nach Heinz-Christian Strache benannt habe, wie ein syrischer Landsmann ernsthaft überlegt hat. Nein, kein Scherz. Das ist noch gar nicht lange her, war aber definitiv in der Vor-Ibiza-Ära.

Anfangs, als vom Namen für sein Kind noch keine Rede war, habe ich auf meinen Freund Nabih (das bedeutet: der Kluge) eingeredet, dass er es doch machen soll wie ich. Dass er mit seiner Frau (einer Syrerin) hier einen Geburtsvorbereitungskurs besuchen und hinterher auch bei der Geburt dabei sein soll.

Sie hätten ihn sehen sollen. Auch er hat mich angestarrt wie einen Außerirdischen. Vielleicht hat es ja bloß mit den Umständen unseres Gesprächs zu tun gehabt. Ich hatte ihn in seinem kleinen Geschäft in Graz besucht. Ohne Alena. Dafür mit Naël. Im Tragetuch.

»Ist es das, was die Frauen aus uns machen?«, hat er entsetzt gerufen und auf Naël gedeutet, der friedlich an meiner Brust geschlafen hat. Bestimmt, habe ich gedacht, denkt Nabih jetzt: Gestern war mein Freund Omar noch ein echter Araber. Heute ist er ein Koalabär. Oder ein Känguru. Jedenfalls ein Weichei, das sein Kind im Beutel zu wichtigen Gesprächen unter Männern mitschleppt, während seine Frau mit ihren Freundinnen feiern geht. Oder shoppen. Was ist das Nächste? Was ist Omar morgen?

Genauso hat er dreingesehen. Und ich bin einmal mehr zwischen den Sesseln gesessen. Auf der einen Seite Nabih, auf der anderen Seite die vielen wunderbaren Begegnungen, die ich mit meinem Sohn Naël schon gehabt habe. Wenn du als Mann mit einem Baby an der Brust spazieren gehst, hat das nämlich einen ähnlichen Effekt wie Gassigehen mit dem Hund. Immer spricht dich jemand an. Immer wirft dir jemand weiche Blicke zu. Am allermeisten ältere Damen. So wie jene Grazerin, die ich in der Straßenbahn getroffen habe.

Anfangs ist sie noch einige Reihen hinter mir gesessen. Neben ihr ihr Mann. Als sie mich mit Naël hat einsteigen sehen, hat sie mich augenblicklich angestrahlt. Dann hat sie ihren Mann sitzen lassen und ist auf uns zugesteuert.

»Meiii … sooo süß!«, ruft sie, als sie uns erreicht.

In dem Augenblick dreht sich auch eine Dame um, die vor uns sitzt. »Ja«, fängt sie an, »ich muss schon sagen … ich finde das super, die heutigen österreichischen Männer, die haben schon was drauf. Mein Mann war ja Polizist. Glauben Sie, der hätte seinen Hintern auch nur einmal ohne mich mit den Kindern rausbewegt? Das zu tun, hätte für ihn bedeutet, gegen ein Verbot zu verstoßen.«

»Genau«, sagt jetzt die andere. »Erklären Sie das mal einem wie dem da hinten.« Dabei zeigt sie mit dem Finger auf ihren Mann am anderen Ende des Waggons.

Ich bin verwirrt. Soll ich, der Araber, jetzt auf einmal das Musterbeispiel eines braven österreichischen Vaters im 21. Jahrhundert sein? Und was, frage ich mich weiter, hätten die beiden Damen wohl gesagt, wäre ich ihnen ohne Naël begegnet? Womöglich am späten Abend in einer finsteren Gasse?

Aber als Mann mit Baby bist du hier auf der sicheren Seite, habe ich gelernt. Oder mit einem möglichst süßen Hund (die Kampfhunde scheiden also aus). Willst du in Damaskus auf ähnliche Weise angesprochen werden, funktioniert der Trick mit dem Hund nicht. Da kann es höchstens sein, dass irgendwelche Kinder dich und den Hund mit Steinen bewerfen. Aber es gibt eine andere Methode: ein Buch (ich habe es schon kurz erwähnt). Bloß dass du damit keine älteren Damen anlockst, sondern die Leute vom Geheimdienst. Wie das Licht die Fliegen.

Aber wir waren ja bei meinem entsetzten Freund Nabih. »Ist es das, was die Frauen aus uns machen?«, hat er also beim Anblick von mir mit Naël gerufen. »Oder bist du jetzt selbst eine Frau?« Und dann ist er auf einmal mit dem HC dahergekommen. Ob das nicht ein passender Name für seinen ungeborenen Sohn wäre.

»Weißt du überhaupt, ob es ein Sohn wird?«, frage ich.

»Natürlich«, sagt er. »Ich mache nur Söhne.«

»Wenn du das tust, Nabih«, habe ich gesagt, »hast du das mit der Integration nicht richtig verstanden. Abgesehen davon ... ist HC überhaupt ein Name? Ich glaube nicht, dass das geht.«

Erst hat er mich schief angesehen, dann jedoch genickt. Nabih hat mir geschworen, das mit HC bleiben zu lassen. Und darüber hinaus versprochen (nach anfänglichem Zögern und sehr viel Überredungskunst von meiner Seite), bei der Geburt seines Kindes dabei zu sein.

»Mach es für deine Frau«, habe ich gesagt. »Für die Beziehung. Zeige ihr, was du für sie empfindest. Mach es für dein Kind. Die Vater-Sohn-Bindung. Das ist sooo wichtig, Nabih.«

Als er immer noch gezweifelt hat, habe ich auch noch die religiöse Keule ausgepackt. »Wenn du deine Frau unterstützt, ist es auch im Geiste des Islam. Weil du einen Menschen, der dir sehr nahesteht, unterstützt.«

Ich habe gesprochen wie ein Österreicher. Hätte mir jemand vor Kurzem noch prophezeit, ich würde einen Syrer zum Geburtsbegleiter missionieren, ich hätte ihn für verrückt erklärt. Und dann hat er tatsächlich genickt.

»Ist gut, Omar. Ich mache es.«

Als ich ihn Wochen später treffe, strahlt mein Bekannter übers ganze Gesicht. »Was ich dir gesagt habe, Omar. Ein Junge.«

»Und?«

»Was und?«

»Wie war es bei der Geburt?«

Nabih sieht mich stumm an.

»Du warst doch dabei, oder etwa nicht?«

Da beginnt Nabih zu stottern. »Ich wollte Omar, wirklich ... aber die viele Arbeit. Plötzlich wollten alle Leute bei mir einkaufen. Da kann ich den Laden doch nicht alleine lassen. Welcher Araber würde das tun? Außerdem hat meine Frau Zucker. Da geht das sowieso nicht, haben sie gesagt.«

Wirklich nicht? Nabih hat es nicht geschafft. Aber nicht aus böser Absicht. Er kann nicht anders. Seine Welt und die Welt seiner Frau als Mutter sind getrennt. Über diesen Schatten kann er einfach nicht springen.

Aber kehren wir noch einmal zurück zum Standesamt. Zu dem Tag, als Alena und ich den Namen unseres Sohnes haben amtlich machen wollen. Naël ist jetzt nicht so aus der Welt, haben wir uns gesagt. Immerhin ist nur ein Buchstabe Unterschied zu Noël, was auf Französisch bekanntlich Weihnachten heißt. Und in arabischen Ländern werden Menschen aus Europa, die einen langen weißen Bart haben und aussehen wie der Weihnachtsmann, auf der Straße gerne mal mit *Papa Noël* angesprochen. Es herrscht also, habe ich mir gesagt, auf eine gewisse Weise eine Verbindung zwischen den Arabern und den Europäern. Wenigstens, was das e mit den zwei Punkten betrifft. Also, warum nicht auch ein ë auf einem amtlichen Papier in Österreich eintragen lassen?

Ë auf dem Handy zu schreiben, ist ein Kinderspiel. Nicht im Arabischen. Aber hier. Einfach mit dem ohnehin schon verkümmerten Handydaumen den Buchstaben e lange genug gedrückt halten, bis alle Möglichkeiten aufpoppen, und dann zur gewünschten Variante fahren.

Fertig.

Andererseits ... wo befindet sich dieses ë auf der so genannten QWERTZ-Tastatur? Genau diese Frage hat Alena sich gestellt. Weil sie geahnt, nein: gewusst hat, dass die Beamtin auf dem Standesamt sie auch stellen würde. Wird. Weil sie sagen wird: »Ein kleines e mit zwei Punkten? Nein. Haben wir nicht. Amtlich schon gar nicht.«

Und dann ist da noch die Sache im Spital. Mit den Krankenschwestern auf der Babystation.

»Weißt du noch, was sie im Spital gesagt haben?«, fragt Alena, als wir wieder zu Hause gewesen sind und über Naëls Eintragung und den bevorstehenden Weg zum Standesamt gesprochen haben.

»Die haben viel gesagt«, sage ich.

»Ja. Aber wegen des Namens.«

Ach ja. Da war ja was. Die Schwestern sind schließlich die ersten, die wissen wollen, mit wem sie es zu tun haben. Als wir ihnen gesagt haben, wie unser Sohn heißen soll, hat die eine Schwester gemeint:

»Hhmmhh ... mit der Hand auf der Tafel beim Bett können wir das so schreiben. Aber im Computer? Ich fürchte ...«

Und eine zweite hat gemeint: »Oje, das wird schwierig. Alles Gute auf dem Standesamt.«

Also habe ich, als zukünftiger gelernter Österreicher, zu meiner Frau gesagt: »Wenn das so ist, Alena, wird es wohl nichts werden mit dem Namen Naël. Bestenfalls in der Variante ohne die zwei Punkte. Aber das ist nur halb so schön.«

Alena jedoch, die vorausschauende gelernte Österreicherin mit dem siebten Sinn, hat gesagt: »Es sei denn, wir sind kreativ, Omar. Österreichisch kreativ. Nicht arabisch.«

Also kein Bakschisch. Stattdessen hat Alena die gängigsten Codes der gängigsten Betriebssysteme herausgesucht und auf ihrem Schummelzettel notiert. Wer weiß schließlich schon, worauf sie bei der Behörde schreiben?

Als wir das Büro betreten, lächelt die Beamtin vom letzten Mal hinter ihrem Computer hervor. Sie hat uns sofort erkannt. Ich nehme an aus ähnlichen Gründen wie die Menschen auf der Straße, die Alenas Babybauch und mich begutachtet haben.

»Ah, die Eltern des kleinen Naël«, sagt sie mit ausgewählter Höflichkeit. »Bitte, nehmen Sie doch Platz.«

Alena und ich sehen uns ziemlich erstaunt an. Dann holen wir die Dokumente aus der Tasche. Augenblicklich beginnt die Dame, in ihren Computer zu tippen.

Schließlich sagt Alena: »Ja, und wegen des Namens ... also, falls das ein Problem darstellt, und weil es ja so endlos viele Möglichkeiten gibt, wie man das in den unterschiedlichen Betriebssystemen schreibt ... also ... wenn Sie mir sagen, auf welchem Sie arbeiten ... ich hätte da verschiedene Unicodes für –«

»Alt+0235«, sagt die Sachbearbeiterin. »Ich weiß.« Sie greift an den Bildschirmrand, löst eine bunte Haftnotiz und hält sie uns entgegen. »Ich habe mich vorbereitet. Steht schon alles in den Akten.«

Sie senkt den Kopf wieder und schreibt weiter. Erneut sehen Alena und ich uns entgeistert an. Plötzlich taucht der Kopf der Beamtin ein zweites Mal auf.

»Ich kenne Sie«, sagt sie und sieht mir freundlich in meine bestimmt sehr großen Augen.

»Ach ja ... äh, ich meine, ja, ich weiß ... wir waren ja schon einmal da. Erst vor zwei oder drei Wochen.«

»Das auch. Ja. Aber eine Kollegin hat Sie beim letzten Mal erkannt, draußen auf dem Gang. Sie hat Sie ein paar Tage vorher im Fernsehen gesehen. Bei der Barbara Stöckl. Die Kollegin ist zu mir gekommen und hat gefragt: ›War der gerade bei dir?‹.

›Ja‹, habe ich gesagt. ›Warum?‹ ... Na, jetzt weiß ich es. Und deshalb lese ich gerade ihr Buch *Danke.*«

Dann taucht sie wieder ab hinter ihrem Bildschirm und tippt zu Ende. Als die zwei Punkte amtlich sind und wir bereits gehen wollen, fragt die Beamtin: »Darf ich Sie noch etwas fragen, Herr Alanam? Rein privat?«

»Aber natürlich«, sage ich.

»Wie wird Ihr Kind aufwachsen. Ich meine ... mit wie vielen Sprachen?«

»Drei«, sage ich wie aus der Pistole geschossen.

»Ja«, sagt Alena, die sofort mitspielt. »Deutsch, Arabisch, Steirisch.«

Draußen, als wir wieder unter uns sind, lachen wir erstmal herzlich drauflos. »So läuft das hier, Omar«, sagt Alena. »Was du soeben erlebt hast, nennt sich Promibonus. Nur dass den ein syrischer Flüchtling vermutlich nicht alle Tage erhält.«

Und nun zur Butter der Geschichte:

Butter Nummer 1: Syrien hat kaum Bäume, Österreich sehr viele. Aus Bäumen macht man Papier. Österreich ist also das ideale Land der Papiere. Das hat auch sein Gutes, weil Österreich zugleich ein sehr sicheres Land ist. Bestimmt, sagen wir Syrer, hängt das irgendwie zusammen. Vermutlich, weil hier sogar Terroristen (sind sie erst mal so richtig integriert) Respekt haben vor dem vielen Papier und es darum lieber bleiben lassen. Denn sie wissen: Erst der Amtsweg, dann die Arbeit.

Butter Nummer 2: Stelle niemals mit seidenweicher Stimme blöde Fragen, während deine Frau ein Kind zur Welt bringt. Und lass das scheiß Handy draußen.

Butter Nummer 3: Neben den Gleichen gibt es die Gleicheren. In sehr, sehr seltenen Fällen kann das auch ein syrischer Flüchtling sein.

Naël und der Kanonendonner

Ich habe es also tatsächlich geschafft: Flüchtling sein und zugleich den Prominentenbonus erhalten. Aber ich bilde mir nichts darauf ein. Weil es andere, viel dringlichere Dinge für mich zu klären gilt, als jene, wer mich wo erkennt und wer nicht. Die Frage nach meinem Status zum Beispiel. Nicht nur der auf dem Papier. Nein. Mein Status als Mann. Darum lässt mich auch diese Frage einfach nicht los:

Omar, wann bist du als arabischer Mann ein Mann? Bist du überhaupt noch einer? Oder hast du längst aufgehört, einer zu sein?

Meine Familie und die Freunde aus der syrischen Community geben mir ihre Antwort ganz ungefragt. Wann immer ich es nicht hören will. Aber was ist mit mir selbst? Wo stehe ich, nach fünf Jahren Nicht-Fisch-und-nicht-Fleisch-Dasein zwischen den Kulturen?

So vieles ist inzwischen so anders. Zum Beispiel habe ich längst aufgehört, mich bei meinen syrischen Freunden unterzuhaken, wenn wir gemeinsam auf der Straße gehen. Und ich verbiete ihnen auch, es bei mir zu tun.

»Warum?«, haben sie mich anfangs gefragt. Weil es »bei uns« doch ganz normal ist, wenn zwei Männer untergehakt auf der Straße gehen.

»Weil es hier bedeutet, dass wir schwul sind«, sage ich. Nicht dass ich irgendetwas gegen Homosexualität hätte, doch es entspricht einfach nicht dem Bild, das ich selbst in der Öffentlichkeit abgeben möchte.

Dasselbe gilt für das Schnurrbart-Küssen. Arabische Männer machen das wie selbstverständlich. Da dauert die Begrüßung manchmal fast schon länger als hier ein ganzes Gespräch. Kuss links. Kuss rechts. Kuss links. Kuss rechts. Und so weiter.

Auch das habe ich mir inzwischen ziemlich abgewöhnt. Manchen meiner Landsleute ergeht es ähnlich. Sie wissen nicht mehr so recht, wo sie stehen. Sie neigen jedoch eher zur europäischen Variante. Andere wiederum vertreten umso vehementer die »alte Linie«. Je traditioneller arabisch, desto besser.

Es gibt da diesen Film, den die meisten von Ihnen bestimmt kennen. *Ziemlich beste Freunde.* Neben so vielen anderen lustigen Szenen ist da auch jene, als Driss, der dunkelhäutige, aus Afrika abstammende arbeitslose Franzose, beim schwerreichen Philippe als Pfleger zu arbeiten beginnt. Und als er zu Beginn seiner Ausbildung dem querschnittsgelähmten Patienten Stützstrümpfe anlegen soll.

»Nein!«, ruft er. »Das mache ich nicht. Auf keinen Fall.«

Kameraschnitt. Und gleich in der nächsten Szene sehen wir Driss, wie er Philippe Stützstrümpfe anzieht.

Genauso verhält es sich bei mir mit dem Windelwechseln. Dabei habe ich das – wenigstens das – so lange wie möglich mit aller Kraft und finsterer Miene abgelehnt.

»Nein, Alena«, habe ich gesagt. »Das mache ich nicht. Das geht wirklich zu weit.«

Heute säubere ich meinem Sohn mit einer Routine die Strampelhose, als hätte ich nie etwas anderes getan.

Wo stehe ich also? Als Araber. Als Österreicher. Als Mann. Als Vater.

Ich beschließe, Grundlagenforschung zu betreiben. Also sehe ich mir *Das Fest des Huhnes* ein zweites Mal an. Ich lese das Insert. *Fremde Länder, fremde Sitten.* Und in der Sekunde beginnen meine Gedanken wieder zu fliegen. Diesmal auf die Universität von Graz. Zurück zu jenem Tag, als ich dort mit meinem Sohn Naël aufgetaucht bin, um mit einer Professorin zu sprechen.

Die Professorin lächelt mir freundlich zu, als sie meinen Sohn im Tragetuch sieht. Der Joker Baby im Tragetuch zieht. Doch sehr viel weiter komme ich nicht mit dem Sympathiebonus. Weil es gleich nach der Begrüßung auf dem Flur geschieht.

Was?

Naël tut es aus heiterem Himmel. Er schießt aus allen Rohren.

Hätte er nur aufgestoßen (Alena nennt das Bäuerchen machen), alles kein Problem. Aber nein. Naël stellt meinen arabischen Vaterstolz so richtig auf die Probe. Es geht von hinten los. Ein echter Kanonendonner. Ich habe geglaubt, ich muss auf der Stelle sterben vor Scham. Weil es doch gar nicht anders sein kann, als dass die Professorin mich im Verdacht hat. So ein Donner, der kann gar nicht von so einem kleinen Baby stammen, oder?

Du meine Güte! Am liebsten wäre ich im Erdboden versunken. Auch, weil das Lächeln der Professorin sich ganz automatisch verkrochen hat. Tief drinnen unter der Gesichtshaut war ihre Freundlichkeit auf einmal begraben. Zwar hat sie kein Wort gesagt. Aber Blicke sagen ohnehin mehr als tausend Worte, sagt ein arabisches Sprichwort.

Hätte ich es verhindern können? Gibt es denn in Österreich keine Kurse, bei denen Babys frühzeitig lernen, sich zu benehmen, wie es sich gehört? Wenigstens für einen halben Araber, der mein Sohn ja ist? Für alles gibt es hier Kurse: Der Umgang mit Babytragen, Stoffwindelberatung, Baby-Schwimmen, Baby-Yoga, Baby-Singen, Eltern-Kind-Turnen, Schnuller-Beratung und so weiter. Einfach alles. Für ziemlich viel Geld. Aber es gibt nicht einen einzigen Workshop, der eine Situation wie diese verhindert. Warum endet die Geschäftemacherei mit den ursprünglichen Aufgaben der Familie ausgerechnet da, wo ich fremdes Fachwissen so dringend brauchen könnte?

(Übrigens: Einen arabischen Mann können Sie ganz leicht dazu bringen, sich zu ändern: Sagt seine Frau, sie würde dieses oder jenes gerne tun, doch sie müsste dafür einen Kurs besuchen, und dieser Kurs kostet natürlich Geld, so passiert Folgendes: Der arabische Mann bekommt einen mittelschweren Wutanfall. Dann probiert er es selbst – und entdeckt zu seiner eigenen Überraschung, dass er es kann).

Sooo peinlich.

»Einem Baby ist gar nichts peinlich«, sagt die Freundin meines Freundes, des Journalisten, die auch mit zu Besuch ist, als ich die Geschichte erzähle.

Und mein Freund sagt: »Ja. Das Pupsen und Donnern können sie schon von klein auf. Es ist eine der wenigen universell elementaren Kompetenzen des Menschen.«

Darüber muss ich kurz nachdenken. Rasch komme ich zu dem Schluss: Es stimmt. Fremde Länder, fremde Sitten.

Am Anfang, in den ersten Monaten nach der Geburt, gibt es auf der ganzen Welt einen Konsens, was Kinder betrifft. Vom anatolischen Hochland bis nach Manhattan: Babys werden überall gelobt, wenn sie Bäuerchen machen. Oder kräftig in die Windeln machen, weil es sie plagt. Ich glaube jedenfalls, dass das so ist.

Aber wo ist die Grenze? Rein vom Alter her? Weil diese universell elementare Kompetenz, wie mein Freund es nennt, eines Tages beginnt, da wie dort dramatisch andere Wege einzuschlagen.

Ich habe das einmal in einem Film gesehen und konnte es nicht glauben. Dann aber habe ich es auch in Wien (nach einer Lesung) auf der Straße beobachtet. Nämlich: Es gibt Menschen, die tun es wirklich einfach so. Rauspfeffern, in aller Öffentlichkeit. Ohne medizinische Notwendigkeit. Und gerne auch in der Gruppe. Wenn sie unter ihresgleichen sind.

Was ich beobachtet habe?

Eine Runde von Freunden mittleren Alters. Unter ihnen einer mit einem Hund an der Leine. Genau der war es. Er hat gefu ... Ich kann es kaum aussprechen.

Alena sagt: »Wenn du es höflich umschreiben willst, dann sage: Er hat einen Wind abgesetzt.«

Ja. Das hat er getan. Aber mehr einen Orkan. Und dabei (anstelle seines Hundes, der gerade nicht musste) das rechte Bein gehoben. Die anderen Männer um ihn herum haben schallend gelacht. Einer hat ihm auf die Schulter geklopft. Ein Zweiter hat versucht, es ihm nachzumachen, hat einen ganz roten Kopf dabei bekommen und es schließlich sein lassen.

Was hat das zu bedeuten?

In Syrien ist es so: Wenn Männer sich in Runden zusammenfinden, geht es fast immer sehr ernst zu. In den traditionellen Cafés, wie die Weltenbummler unter Ihnen sicher wissen, sitzen ausnahmslos arabische Männer beisammen. Ohne ein weibliches Wesen in der Nähe. Sie besprechen die Welt, indem sie ausnahmsweise mal vielsagend schweigen und rauchen und in die Gegend schauen. Diese Kaffeehäuser sind ihr Reich. Ihr Zufluchtsort. Ihre letzte Bastion gegen die Frauen, die sie offiziell natürlich alle fest im Griff haben und etwas weniger offiziell alle fürchten.

»Wie der Teufel das Weihwasser«, sagt Alena.

Ja. Vermutlich so und nicht anders. Diese Männer sind jedenfalls sehr ernst. Sitzen sie nicht ernst in Cafés beisammen, treffen sie sich privat. Ebenfalls ernst. Ernst im Sinne von: Man hat schon Spaß, doch man nimmt sich und alle anderen wichtig. Sehr sogar. Man ist im Mannsein ein echter Mann.

Diese Männer tragen oft einen Schnurrbart. Viele dieser Bärte sind echte Kunstwerke. Die werden gepflegt und gehegt und den halben Tag lang von ihren Besitzern gestreichelt. Sie fahren mit den Fingerkuppen drüber, drehen an den Spitzen mal in die eine, mal in die andere Richtung. Dieses Drehen sieht immer wie beiläufig aus, ist aber wohl überlegt. Es ist eine gezielt eingesetzte Geste an die Umwelt. Ein Signal von Männlichkeit und Herrschaft und Stolz.

Nun stellen Sie sich so eine Runde vor. In einem Vorort von Damaskus. Oder weiter draußen auf dem Land. Hier sitzen noch die ganz echten Männer beisammen. Bilderbuch-Machos, würde man in Österreich sagen. Dominant bis in die letzte Schnurrbarthaarspitze. Man redet, trinkt Tee, isst kleine Häppchen, die von Frau oder Töchtern still und diskret serviert werden. Man raucht Shisha, palavert. Ein Kreis voller Männer, die sich ohne mit der Wimper zu zucken von ihren Frauen scheiden lassen würden, wenn sie zweimal dasselbe sagen müssten, bis es befolgt wird (das jedenfalls behaupten sie ihren Freunden gegenüber). Ja, diese Männer gibt es in arabischen Ländern nach wie vor. Die sind kein bloßes Klischee. Die sind sehr, sehr traditionell und sehr, sehr echt.

Traditionell ist auch der Haushalt, wo wir uns befinden. Das bedeutet: große Wohnräume. Viel größer als für gewöhnlich hier in Europa. Mitunter, weil die Familien auch heute noch in allen Generationen zusammenleben und nicht einzelne auf einer Fläche, wo ebenso gut acht bis zehn Personen leben könnten.

Syrische Häuser haben aber immer auch einen großzügigen Bereich angebaut, der von den übrigen Wohnräumen getrennt ist. Das ist der Gästetrakt. Der steht mehr oder weniger 24 Stunden am Tag offen. Dort werden jederzeit Besucher empfangen. Dort liegen oft Dutzende handgeknüpfte Teppiche dicht an dicht bis in die hinterste Ecke, dazu jede Menge dicke, bequeme Polster, in der Mitte stehen kleine, flache Tische.

In so einer Herrenrunde greift sich der Hausherr gerade (wie gewohnt) an den Schnurrbart und zwirbelt die Spitzen. Und einer seiner Freunde (sagen wir: sein allerbester) setzt auf einmal einen mächtigen Kanonenschlag aus der Hose ab.

Was geschieht? Heben nun alle Freunde das Bein und beginnen zu pressen?

Oh nein. Dieser allerbeste Freund kann sich glücklich schätzen, wenn er mit dem Leben davonkommt. Wenn der Hausherr nicht wie von der Tarantel gestochen aufspringt und nach seinem Krummsäbel sucht. Oder sagen wir so: Wenn der nicht wenigstens zu einem mächtigen Schlag mit der Faust ausholt und ihm für immer die Freundschaft kündigt. Und die in arabischen Ländern so hochgehaltene Gastfreundschaft, die praktisch über allem steht, gleich dazu. Soll dieser respektlose Kerl doch verrecken, bevor er noch einmal seinen Fuß über die Schwelle meines Hauses setzt.

Warum?

Ganz einfach. Das Zusammentreffen von Bartstreicheln und Kanonenschlag bedeutet in der arabischen Kultur nichts anderes als das: »Ich sch... auf deinen Schnurrbart.« Und das Gastrecht ist damit auch Geschichte. Für immer.

Auf Neudeutsch wäre (ist) das ein absolutes No-Go.

Ähnliches gilt in arabischen Ländern, wenn du die Shisha falsch in Szene setzt. Aus den Filmen kennt man das ja: Da sitzen sie in den Cafés und spielen Bégemon und rauchen nebenher.

Nebenher.

Anderswo wird die Shisha als zentrales Element der Kommunikation angesehen. Und mitten auf den Tisch geklotzt. Als würde der Butler oder Zeremonienmeister oder sonst wer die Kronjuwelen der britischen Königin einem staunenden Publikum vorlegen. Damit jeder sie von allen Seiten bewundern kann. Das Motto: Leute, seht her, ich bin ja sooo stolz auf mein Ding.

In einem arabischen Land bedeutet die Wasserpfeife mitten auf dem Tisch nur das: Leute, seht her, ich pfeife auf euch. Ihr seid mir nicht mal sooo viel wert. Eine klassische Ehrenbeleidigung also.

Ja, Bégemon ist auch so eine Falle, in die ich immer tappe. Wie Dénischer. Aber Sie wissen, was ich meine, oder? Das Brettspiel mit den vielen Zacken und schwarzen und weißen Steinen und zwei Würfeln, wo du von einer Seite auf die andere wandern und dem Gegner das Leben möglichst schwer machen musst. Ihn rausschmeißen oder einsperren.

Auf Arabisch heißt es so: لعبة الطاولة

Auf Deutsch schreibt es sich so: Backgammon.

»Weil wir gerade bei den No-Gos sind«, sage ich zu Alena. »Gibst du mir die Shisha-Spitze so (ich zeige es Alena, Sie können das jetzt leider nicht sehen, aber jedenfalls so, dass sie mir das Mundstück knapp vors Gesicht hält, wie ein Mikrofon), dann ist das auch eine totale Beleidigung.«

Alena sieht mich wieder mal aus ihren Fladenbrotaugen an.

»Es bedeutet: Steck sie dir in den A....!«

»Und wie stecke ich sie dir nicht in den A ... Wie gebe ich sie dir richtig?«

»So«, sage ich, hole meine Shisha aus der Ecke und zeige es ihr. Ich knicke den Schlauch, halte ihr die geknickte Stelle entgegen.

»Und dann?«

»Dann klopfst du leicht mit den Fingern auf meinen Handrücken. Damit bist du an der Reihe.«

»Das ist doch kindisch. Wir spielen ja nicht 1,2,3, abgepasst. Was, wenn ich nicht klopfe?«

»Na ja. Auch egal. Ist eher so ein Jugendsymbol. Aber niemals mit dem Mundstück voraus, Alena, verstehst du? Immer den Schlauch knicken.«

Apropos vors Gesicht halten. Alena hat mich einmal (lange vor diesem Shisha-Aufklärungsgespräch) bei der Kassa im Supermarkt zum Ausflippen gebracht. Ohne dass ich es verhindern konnte. Ein Reflex.

Wir hatten schon bezahlt. Beim Einpacken des Einkaufs nimmt Alena das frische Baguette, beißt ab – und hält es mir mit der angeknabberten Spitze (!) direkt vors Gesicht. Stellen Sie sich das einmal vor!

Ja, genau. Natürlich habe ich sie geschimpft. Und wie! »Nicht hier!«, habe ich geschimpft. »Bist du verrückt geworden? Wir sind in der Öffentlichkeit.« Gleich danach habe ich mich entschuldigt. Nicht in der Sache. Nein. Weil ich so laut und so erregt war.

Alena weiß inzwischen, dass diese Geste, also, die Tätigkeit, für die diese Geste steht, sonst nur in schmuddeligen Filmen oder im Schlafzimmer oder überhaupt ... also, was ich meine, ist: Das Baguette ist der Phallus. Und das Hinhalten vor den Mund die Aufforderung, diesen Phallus ... ja, wie soll ich das hier nur umschreiben? In aller Öffentlichkeit? Ich denke, Sie wissen, was ich meine. Genau.

»Ich wollte doch nur, dass du auch einmal abbeißt«, sagt Alena. Heute lachen wir alle beide, wenn wir uns daran erinnern. Aber damals?

Ya-iIlahi.

Kommen wir zur Butter der Geschichte. Sie lautet: Wenn richtige Männer das Bein heben und zum Donnerschlag ausholen, kann das lustig sein. Oder einfach nur eklig (weil ich das nie verstehen werde). Oder das plötzliche Ende einer langen Freundschaft. Oder tödlich.

Maurino & die schlaue Frau, die mit dem Fuß des Esels spinnt

Alena, Ruth und ich vorne zu dritt im Auto und hinten keiner. Ich weiß, die Auflösung bin ich Ihnen noch schuldig. Wobei ich vorausschicken muss: Das war eine echte Notsituation. Da ging es gewissermaßen um Leben oder Tod. Und ich saß vorne, eingeklemmt zwischen Fahrer- und Beifahrersitz, mit dem einen Knie auf der Handbremse, den Oberkörper nach hinten gerichtet, bewaffnet mit einem sehr großen Stein in der erhobenen rechten Hand und bereit, alles für die beiden geliebten Frauen neben mir zu tun. Wirklich alles.

Ich, ein gewaltloser Kämpfer für jede Art von Frieden.

Was ist an jenem Tag geschehen?

Alena und ich sind da bereits ein Liebespaar. Von Naël jedoch weit und breit keine Spur. Naël ist da noch nicht einmal ein Samenkorn. Oder auch nur ein Gedanke.

Die kleine Familie, zu der ich mich zählen darf, hat allerdings ein anderes Mitglied. Sein Name: Maurino. Maurino hat zotteliges, weißes bis dunkelgraues Haar, eine Schulterhöhe von mehr als 60 Zentimetern und vier stramme Beine. Maurino ist ein Bobtail.

Ruth war damals auf Kur im Burgenland. Die letzten Tage vor ihrer Heimkehr. Dennoch sind Alena und ich zu ihr auf Besuch gefahren. Mit von der Partie natürlich

Bobtail Maurino. Erst gehen wir mit ihm eine Runde im Wald spazieren, dann mit Ruth Kaffee trinken. Maurino wartet inzwischen im Auto, weil die allergrößte Tierliebe selbst in einem Land wie Österreich dort endet, wo eine Kuranstalt anfängt. Das Autofenster lassen wir natürlich einen Spaltbreit offen. Alena hat darauf bestanden, weil man das hier so macht (obwohl gerade Winter war).

Als wir wieder zum Wagen kommen, öffnet Alena die Türe. Maurino springt heraus. Sie begrüßt ihn herzlich, fast überschwänglich, so wie ich meine Eltern begrüßen würde, wenn ich sie nach Jahren endlich wieder einmal sehe. Oder meinen geliebten Bruder.

»Ja, hallo, Maurino!«, ruft Alena und streichelt Maurino.

Maurino grüßt zurück. Er bellt. Nun tut er etwas, was er, wie Alena sagen wird, noch nie getan hat. Er beißt sie in die Hand. Einmal. Ein zweites Mal. Dann springt er blitzschnell zurück ins Auto.

Alena beginnt zu weinen. Verständlich. Bestimmt tut es sehr weh, denke ich. Außerdem hat sie ziemlich stark geblutet. Natürlich versuche ich, sie zu trösten und ihr zu helfen.

»Komm«, sage ich. »Wir fahren ins Spital.«

Genau da beginnt Alena noch mehr zu weinen. Erst mit der Zeit begreife ich, warum. Nicht wegen der Schmerzen. Denn sie schluchzt: »Es tut nicht weh. Aber ... aber ich bin nicht gegen Tetanus geimpft. Jetzt bekomme ich bestimmt eine Spritze!«

Sie weint wegen der Spritze! Wegen der Möglichkeit einer Spritze! Jetzt bin auch ich ziemlich verzweifelt, also rufe ich Ruth an. Ruth ist nach ein paar Minuten bei uns auf dem Parkplatz. Sie öffnet den Kofferraum, um Verbandszeug zu holen. Maurino springt heraus.

»Ja, hallo, Maurino«, sagt Ruth mit ihrer ruhigen Stimme in einer Mischung aus Freundlichkeit und Strenge, »was machst du denn für Sachen?«

Maurino grüßt zurück. Er bellt. Nun tut er etwas, was er, wie Ruth sagen wird, noch nie getan hat. Er beißt auch sie in die Hand. Einmal. Ein zweites Mal. Dann springt er erneut blitzschnell zurück ins Auto. Der Einzige, den Maurino verschont, bin ich.

Ein österreichischer Freund hat mir einmal erzählt, dass er in Wien, gleich beim berühmten Café Hawelka, an der Ecke zum Graben, gesehen hat, wie zwei (algerische?) Rosenverkäufer in Streit gerieten. Sie beschimpften einander wüst. Als alle Worte verbraucht waren, begannen sie, mit ihren roten Rosen aufeinander einzuschlagen. Solange, bis beide nur noch nackte Stängel in der Hand hielten und sie auf einem Teppich aus Rosenblättern standen. Erst jetzt war der Streit beendet. Unentschieden. Jeder ging seines Weges.

Mein Freund meinte auch, dass sich inzwischen eine Traube von Menschen um die beiden Streithähne herum gebildet hatte. Niemand griff ein. Jeder dachte wohl: Wenn zwei Araber streiten, halte ich mich als Österreicher lieber raus.

Daran muss ich in genau diesem Moment denken, als Maurino nun auch Ruth beißt und beide Frauen und der Bobtail in heller Aufregung sind und schimpfen und bellen. Das ist ein Streit zwischen drei Österreichern, sage ich mir, da halte ich mich als Araber lieber raus.

Inzwischen herrscht totale Verwirrung. Alena ist verwirrt. Ruth ist verwirrt. Maurino ist verwirrt. »Bestimmt wird ihm gerade bewusst, was er angestellt hat«, sagt Alena. Ihre Stimme ist nicht länger weinerlich. Sie hat mehr einen tröstenden, fast mütterlichen Ton angenommen.

Dann beginnen Alena und Ruth, durch die offene Hintertüre auf den sichtbar ganz besonders verwirrten Maurino einzureden. Dass man so etwas nicht tut. Was ihm denn eingefallen ist. Dass er sich gefälligst benehmen soll. Dass er ihnen andererseits aber auch leid tut. Und so weiter. Maurino bellt irgendwas zurück. Ich kannte das bisher nur von meinen Eltern, wenn mein Bruder oder ich wieder einmal etwas angestellt hatten. Aber nicht als Möglichkeit eines ernsthaften Gesprächs zwischen zwei Frauen und einem Hund.

Alena hänselt mich oft, weil ich die Umstände hier und in meiner alten Heimat so gerne vergleiche. Es stimmt, ich lasse so gut wie keine Gelegenheit aus, ihr, Ruth und vielen anderen Menschen davon zu erzählen. Wie es hier ist. Was man in Syrien dazu sagt. Was man in Syrien über Europa sagt. Und so weiter. Also murmle ich: »Wer mit Bedacht handelt, erreicht, was er anstrebt.«

Auch so eine alte Weisheit.

Mit Bedacht würde diese Situation in Syrien wie folgt aufgelöst: Mein Vater oder Onkel oder wer auch immer würde den Kofferraum öffnen oder ins nächste Haus gehen, um augenblicklich wiederzukehren und mit einem Gewehr durch die Scheibe ins Auto zu schießen. Einem durchschnittlichen syrischen Auto macht das nichts aus, so eine Ladung Blei verschlechtert den Gesamtzustand nicht wesentlich. Eine weise innere Stimme sagt mir jedoch, dass ich diesen Vergleich in diesem Moment besser für mich behalte.

Stattdessen schlage ich instinktiv die Türe zu. Maurino ist im Wagen eingesperrt, Alena, Ruth und ich sind aus dem Wagen ausgesperrt. Deeskalation ist das Wort dafür. Ich habe es irgendwo aufgeschnappt. Ich glaube, es war ein Integrationsseminar.

Ruth greift zum Telefon.

Bestimmt ruft sie jetzt im nächsten Krankenhaus an, denke ich. Immerhin hängen sowohl bei Alena als auch bei ihr die Hautfetzen runter, und beide Frauen bluten ziemlich stark.

Die Sorge um Maurino ist jedoch größer. Also ruft sie erst einmal alle Tierheime in der Umgebung an. Da jedoch die Nacht bereits hereinbricht, haben alle geschlossen. Es bleibt nur die Tierklinik.

»Wir müssen selbst hinfahren«, sagt Ruth, als sie das Gespräch beendet hat. »Die Klinik hat keinen Rettungswagen, der ihn holen könnte. Wir sollen Maurino hinbringen.«

Zu diesem Zeitpunkt lässt sich die Lage als ziemlich chaotisch bezeichnen. Maurino ist wild, Alena in Todesangst (wegen der drohenden Spritze) – und ich selbst habe noch keinen österreichischen Führerschein.

Also geht es nur so: Wir quetschen uns zu dritt vorne in den Wagen. Ruth (obwohl auch sie verletzt ist) sitzt am Steuer. Alena rechts. Ich in der Mitte, in der Hand den erwähnten großen Stein, den ich wie in kriegerischer Trance an mich genommen habe.

Was ich nicht weiß: Maurino hat zwar seine beiden Frauen (»Es heißt: Frauchen«, sagt Alena) gebissen, doch er weiß, was sich gehört. Zumindest, wo sein Stammplatz im Wagen ist. Der Kofferraum. Dort bleibt er während der ganzen Fahrt. Vielleicht aber bloß, weil ich ihn sehr finster angesehen habe. Ich weiß es bis heute nicht. Was ich weiß: Alena hat etwas Blut verloren, ich jedoch jede Menge Blut geschwitzt, bis wir endlich in der Tierklinik angelangt sind.

Die eigene Versorgung, befinden Ruth und Alena, kann warten. Denn: »Maurino braucht dringend Hilfe.« Fahren wir jetzt zu einem Psychologen?, überlege ich.

Warum auch nicht? Nachdem ich längst auf dem Weg zum gelernten Österreicher bin, ist das nicht so abwegig. Schließlich gibt es auch Kindergärten für Hunde. Wenn das mein Vater in Syrien wüsste.

Aber nein – es wird, wie gesagt, die Tierklinik. Dort purzeln wir alle drei vorne aus dem Wagen.

Nochmal die hintere Türe öffnen und Maurino höflich herausbitten, wollen Alena und Ruth allerdings nicht. Dafür gibt es ja auch die Spezialisten der Tierklinik. Sie rücken sofort an. Ich habe auf die Uhr gesehen: Es hat mehr als eine Stunde gedauert, bis sie Maurino heraußen hatten. Zuerst haben sie ihn mit einem Stück Fleisch gelockt. Fehlanzeige. Mit gutem Zureden hat es sowieso nicht funktioniert.

Araber, die auf eine besondere List verfallen, sagen:

Ashatra tighzil birijl himar.

Auf Deutsch: Eine schlaue Frau kann auch mit dem Fuß eines Esels spinnen. Hier nennt man es Trick 17. In diesem Fall ist die schlaue Frau, die mit dem Fuß des Esels spinnt, eine Mitarbeiterin der Tierklinik. Sie hat eine Betäubungsspritze mit, die sie per Panzerklebeband am hinteren Ende eines Besenstiels befestigt. Wie eine Magensonde führt sie das Gerät ins Wageninnere ein und schwenkt es darin umher. Das andere Besenende mit den Borsten dient dabei als Lenkrad.

Maurino tobt. Er hat wenig Freude mit dieser Art von Annäherung. Alena redet ihm gut zu. Ruth redet ihm gut zu. Die Spezialistin der Tierklinik redet ihm gut zu und schwenkt ihre Sonde. Maurino knurrt und bellt und tobt und springt gegen die Scheibe. Ein einziges Trauma, das alles. Irgendwann ist es jedoch soweit. Maurino schläft. Wieder muss ich an Syrien denken, daran, wie das Problem dort gelöst werden würde (abgesehen davon, dass in Syrien fast niemand einen Hund als Haustier hält, weil Hunde als wilde Raubtiere und darum als gefährlich gelten). Einerseits empfinde ich die Sorge all dieser Menschen um Maurino rührend. Sie geht mir fast ans Herz. Andererseits bin ich fassungslos. Weil es so absurd ist für mich als Araber. Vor allem, was noch kommt:

Zwei Männer in weißen Kitteln eilen im Laufschritt aus dem Haus. Was sie in Händen haben, lässt mir den Atem stocken. Bis dahin habe ich nur sehr wenig gesprochen, jetzt bringe ich gar kein Wort mehr heraus. Die Tage, als ich aus Syrien habe fliehen müssen, liegen da noch nicht so lange zurück. Ich trage die Bilder frisch in mir, die Schutzschicht über den alten Wunden bricht rasch wieder auf. Ich kann es nicht verhindern: Meine Gedanken erheben sich, fliegen tausende von Kilometern weit. Zurück in die alte Heimat.

Ich sehe Verwundete in Straßen und auf Plätzen liegen. Ich sehe Geheimdienstleute wahllos auf Menschen einprügeln. Soldaten in die Menge schießen. Ich sehe Häuser in unserer Straße in Ost-Ghuta. Mehrstöckige Steinbauten mit Flachdächern, wo Frauen für gewöhnlich Obst und Gemüse zum Trocknen auslegen, bevor sie es als Vorrat für den Winter speichern. Fast jedes dieser Häuser hat im Erdgeschoss ein kleines Geschäft, darüber liegen die Wohnungen der Menschen.

Ich sehe mich an jenem Morgen, als ich aufgebrochen bin, um Freunde zu treffen. Weil wir uns für eine weitere Demonstration gegen Diktator al-Assad organisieren wollen. Auf meinem Weg habe ich mit einem Händler, einem Nachbarn, ein paar freundliche Worte im Vorbeigehen gewechselt. Am Abend, als ich wiederkehre, liegt sein Haus in Schutt und Asche. Assads Bomben haben ganze Arbeit geleistet. Der Nachbar und seine Familie sind tot. Soeben werden ihre Leichen weggeräumt. Das Sterben hat längst eine Dimension erreicht, die dir das Weinen nimmt. Der Schrecken legt die Augen trocken. Das Leben geht weiter.

Ich zucke zusammen, fange mich. Dann sehe ich wieder die beiden Männer in ihren weißen Kitteln vor mir stehen. Und die Trage, die sie mitgebracht haben. Vorsichtig heben sie den schnarchenden Maurino aus Ruths Wagen. Behutsam legen sie ihn auf die Trage. Ja, sie binden den Patienten Maurino sogar mit Gurten fest, damit er nicht runterfallen und sich wehtun kann. So einen Service erhalten in Syrien nur die allerwenigsten. Menschen, wohlgemerkt.

Was würde mein Vater jetzt sagen? Könnte er überhaupt etwas sagen? Oder würde er sich nur an den Kopf greifen?

Alena und Ruth greifen Maurino an den Kopf, als er in die Tierklinik getragen wird. Sie streicheln ihn noch einmal, ehe er in den Behandlungsraum gebracht wird. Jetzt heißt es: bitte draußen warten.

Also warten wir. Wenig später betritt ein Ehepaar den Warteraum. Alle beide völlig in Tränen aufgelöst. Mit der einen Hand umfasst der Mann seine Frau, versucht, sie zu stützen. Es schüttelt sie vor Trauer. Auch er kann die Tränen nicht zurückhalten, so sehr er auch versucht, der Starke zu sein. Keine Chance. Alle beide schluchzen vor sich hin, stützen sich gegenseitig. In der anderen Hand hält der Mann den Grund der gemeinsamen Trauer: einen Käfig mit einem dicken, grauen Hasen.

Wo bin ich hier gelandet?

Ich weiß. Ich stelle mir genau diese Frage nicht zum ersten Mal. Wenn Sie nun glauben, ich wäre herzlos oder hätte beim Anblick des Hasen sofort drauflos gelacht oder bloß an ein Hasenbratenrezept meiner Großmutter gedacht, dann liegen Sie falsch. Ich kenne gar kein solches. Hasen sind auf syrischen Speisezetteln eher selten anzutreffen. Außerdem mag ich Tiere. Prinzipiell.

Im nächsten Augenblick dringt ein Winseln aus dem Behandlungszimmer zu uns. Maurino ist erwacht. In der Sekunde beginnen nun auch Ruth und Alena zu weinen.

Jetzt kann ich nicht mehr. Ich fange tatsächlich an, laut zu lachen. Die Blicke des Ehepaars können Sie sich vorstellen. Ruth tut, als würde sie es nicht bemerken.

Und Alena steht mit ihren Emotionen irgendwo in der Mitte. Einerseits, sagt sie später, habe sie so großes Mitleid mit diesen Leuten gehabt. Sie habe, ausgelöst durch Maurinos Winseln hinter der Türe, ein starkes Band der Solidarität verspürt.

Andererseits ist Alena eine Frau, die für ihr Leben gerne lacht. Genau das tut sie nun auch. Lachen. Und weinen. Beides zugleich. Die Tierärztin rettet die Situation. Sie steckt den Kopf zur Türe herein, bittet uns zum Gespräch. Sie weiß nun, was mit Maurino los ist.

Später sollten wir auch erfahren, was es mit dem Hasen des Ehepaares auf sich hatte. Er war nicht tot. Bloß ein Schwächeanfall. Ein krankes Herz durch heillose Überfütterung, wie die Tierärztin meinte. Mit einer Chance auf Heilung. Je nachdem, wie Herrchen und Frauchen sich beim Füttern benehmen.

Doch widmen wir uns wieder Bobtail Maurino. Die Diagnose hat alles Potential, um Alena und Ruth aus den Schuhen kippen zu lassen: eine unheilbare Krankheit, meint die Ärztin, ein Defekt im Gehirn. Eine Art von Wutkrankheit.

»Er braucht uns doch«, sagen Alena und Ruth, als sie wissen, was Sache ist. »Andererseits, wenn er uns nicht mehr erkennt, nicht mal uns, seine Familie ...«

»Ja«, sagt die Tierärztin. »Besser, wenn Sie ihn erlösen.«

Und jetzt erneut das Unfassbare: Die Ärztin ruft eine Kollegin in Graz an. Und keine drei Minuten später steht der Termin. Zack. Zack. Zack. Die Todesspritze. Maurino bekommt eine Woche Galgenfrist. Für diese Zeit verpasst ihm die Ärztin einen Trichter um den Hals, damit er nicht mehr um sich beißen kann. Ihm für die letzten sieben Tage einen schlichten Beißkorb zu verpassen, steht nicht zur Diskussion.

(Übrigens, für alle, die bei aller Anteilnahme für Bobtail Maurino wissen möchten, wie es Ruth und Alena ergangen ist: Allen beiden hat dieser Abend eine ziemlich langwierige Versorgung im Spital beschert. Alle beide mussten lange genäht werden. Ruth bekam obendrein eine Schiene verpasst und musste die Kur vorzeitig abbrechen. Nach der Behandlung im Krankenhaus übernachteten Alena und ich spontan bei Ruth im Zimmer. Wir schliefen auf dem Boden – und so kann ich mit Recht behaupten, wenigstens bereits einen Tag auf Kur gewesen zu sein).

Fahren wir jedoch fort mit Maurinos letzten sieben Tagen. Während dieser Zeit erlebte er noch einmal den Hundehimmel auf Erden. Ruth kocht täglich für ihn. Alles, von dem sie weiß, dass er es besonders liebt. Ich frage mich, wie es wohl Todgeweihten in anderen Ländern der Welt ergeht. Nein, nicht Hunden. Bekommen die auch eine ganze Woche lang nur das Beste? Werden ihnen alle Wünsche von den Lippen abgelesen?

Was mich jedoch sehr viel mehr beschäftigt, ist diese Frage: Wie kann es sein, dass Tiere ein Leben lang umsorgt und gehegt und gepflegt und oft genug besser als Kinder behandelt werden – doch dann, wenn es ans Sterben geht, legen die Menschen den Schalter um? So als wäre es die einfachste Sache der Welt.

Verkehrte Welt. Denn was, sage ich mir, ist mit den Menschen, die zum Sterben krank sind? Mit denen, die schon mehr tot als lebendig sind und nur noch an irgendwelchen Maschinen hängen müssen? Ob sie es wollen oder nicht.

Verkehrt ist die Welt dann auch in den sieben Tagen, die Maurino noch bleiben. Weil ich es nicht begreifen kann. Immer wieder suche ich das Gespräch mit Alena und Ruth, während Maurino auf dem Sofa sitzt oder gerade sein Leibgericht serviert bekommt oder zufrieden ein Nickerchen macht und nicht ahnt, was ihm blüht.

»Wie macht ihr das?«, frage ich. »Ihr zieht ihn auf wie ein kleines Kind. Ihr verwöhnt ihn wie einen heiß geliebten Menschen. Ihr gebt ihm den Status eines Familienmitglieds. Und dann tötet ihr ihn einfach? Einfach so? Ohne mit der Wimper zu zucken?«

In Syrien und anderen Kriegsgebieten ist der Tod bekanntlich dein täglicher Begleiter. Aber hier?

»Ja«, sagen beide. »Es geht nicht anders.«

»Es geht nicht anders?«

»Nein, Omar. So ist das eben. Auch wenn es uns weh tut.«

Auf einmal bin ich, der Araber, der Anwalt des todgeweihten Bobtails Maurino. Verkehrte Welt. Wirklich.

»Bringt ihn doch in den Wald«, sage ich. »Immerhin ist er ja, hier in Österreich, fast ein Mensch. Immerhin ist es sein Leben.«

»Das geht nicht«, sagt Ruth.

»Das geht nicht«, sagt Alena.

Fladenbrotaugen eines kleinen Arabers, der es nicht begreifen kann.

»Er ist es gewohnt, zu Hause zu sein. Hier bei seiner Familie«, sagt Alena.

»Im Wald, ganz allein, schafft er es nicht«, sagt Ruth. »Dort kann er nicht überleben.«

»Okay«, sage ich. »Kann schon sein. Aber dann ist es eben so.«

Ich erinnere mich an einen Zeitungsbericht. Ein Jäger hat am Stadtrand von Graz einen Hund angeschossen, der im Wald allein herumgelaufen ist. Er trifft den Hund nicht richtig, der Hund schleppt sich davon und verendet qualvoll. Helle Aufregung in dem Boulevardblatt. Vermutlich wollen Alena und Ruth genau das verhindern. Oder es geht einfach darum, dass Hunde nicht allein im Wald herumlaufen dürfen. Wegen des Wildes, das sie jagen könnten. Oder wegen anderer Menschen, die sie jagen könnten. Immerhin lautet Maurinos Diagnose ja: Hirnkrankheit.

Das kann ich noch irgendwie verstehen. Sie sagen jedoch: »Zu Hause hat er es bis zuletzt schön. Bei uns. Und dann darf er ohne Schmerzen sterben.«

Ich merke, wie ich zu zittern beginne und meine Stimme nach oben ausschlägt. Auch später, wenn ich daran denke, wird es mir so ergehen. Zittern. Erregte Stimme. Unverständnis.

»Meinetwegen«, sage ich. »Nicht in den Wald. Obwohl es die Natur eines Hundes ist, draußen zu leben. Dann bringen wir ihn eben ins Tierheim. Bis er dort von selbst stirbt.«

»Das geht auch nicht, Omar. Maurino wäre dann sehr traurig. Weil wir seine Familie sind. Und weil er uns dann nicht mehr hat.«

»Und … seine Familie darf ihn töten?«, rufe ich. Darum lieber die Spritze?

»Ja. Wir töten ihn, weil es sein muss.«

Tun sie es vielleicht sogar aus Liebe?, überlege ich. Ich traue mich aber nicht, diese Frage zu stellen. Hunde, habe ich jedenfalls gelernt, stehen hier auf einer Stufe mit Menschen. In besonderen Fällen sogar darüber. Darüber kann man natürlich endlos lange diskutieren. Weil Tiere (auch das kann ich anfangs gar nicht glauben) hier sogar eine Erbschaft antreten können.

»Na ja«, sagt mein Freund, der Journalist, später einmal, als ich ihm davon erzähle. »Nur ums Eck. Aber im Prinzip stimmt es. Da hat es diesen schrillen Modezaren in München gegeben, Omar. Von dem hast du wahrscheinlich noch nie gehört, oder?«

»Ein Modezar?«

»Ja. Der Moshammer. Der hatte auch einen Hund. Sie hieß Daisy. Wer von beiden exzentrischer war, ist schwer zu sagen.«

»Und?«, frage ich.

»Nach Moshammers Tod hat Daisy geerbt.«

»Echt jetzt?«, frage ich und beginne, schallend zu lachen. Erstens, weil die Sache an sich schon so absurd klingt. Und dann kommt noch hinzu, dass Daisy auf Arabisch »mein Popo« bedeutet. Können Hinterteile jetzt auch schon erben?

»Ja. Lebenslanges Wohnrecht in seiner Villa. Der Chauffeur, der über das Testament selbst gut versorgt wurde, musste sich um die Hündin kümmern.«

Ich staune immer mehr.

»So besonders ist das hier nicht«, fährt er fort. »Vor dem Erbrecht gelten Tiere zwar als Sache. Und eine Sache kann nichts erben. Doch du kannst vorsorgen. Mit Vollmachten und so weiter. Das macht Tiere dann zu erbenähnlichen Wesen.«

Ich glaube, mir wird schwindelig. Und übel. Ich denke an meine Mutter in Syrien. An sie und ihre zwei Schwestern, also meine Tanten. Alle drei Frauen haben ihr Erbe nicht bekommen. Obwohl es ihnen per Gesetz zusteht. Theoretisch. Und ich denke daran, dass auch der Koran es für wichtig befindet, dass Frauen erben.

Aber, sie sind eben Frauen in einem arabischen Land. In einer Gesellschaft, die ganz unterschiedliche Maßstäbe anlegt. Da geht dann der eine Onkel eine Zeit lang besonders oft in die Moschee und betet ganz vorne, in der ersten Reihe. Er weiß natürlich, dass der Islam sagt: Du darfst keinem Menschen sein Recht verweigern. Andererseits … ganz vorne beten und besonders laut, und schon gehst du mit dem guten Gefühl nachhause, dass es passt.

Also haben die Brüder (damit das Geld der Familie nicht verloren geht) das Grundstück für alle Geschwister unter sich Männern aufgeteilt. Einfach größere Stücke festlegen und bebauen. Der Anteil der Schwestern ist verschwunden, und die Sache ist erledigt.

Das geschieht ständig in Ländern wie Syrien. Die Söhne nehmen alles. The winner takes it all. Nein, das ist ausnahmsweise einmal nicht arabisch. Aber auch kein Sprichwort.

Die Butter der Geschichte könnte lauten: Hunde und Katzen und überfressene graue Hasen mit einem Schwächeanfall haben es in Österreich manchmal besser als Frauen in Syrien. Aber so weit sind wir noch nicht. Da fällt mir erst dieses Wortspiel ein.

Erbrecht & erbrecht.
Erbrecht: wer was erbt und wer nicht.
Erbrecht: die Befehlsform von erbrechen.

Alles bloß eine Frage der Betonung. Wie beim Dénischer. Oder?

»Hunde haben Accounts auf Facebook«, sagt Alena. »Maurino hat auch einen. So lebt er länger als bloß ein Hundeleben.«

Jetzt ist sowieso schon alles egal, denke ich. Hoffentlich haben Hunde keine Kreditkarte. Andererseits, wer weiß, vielleicht wäre die Welt dann ein besserer Ort?

Hätten Hunde eine Kreditkarte und jeder ein verbrieftes Recht auf wenigstens eine Karte, dann gäbe es in Österreich circa 600.000 Kreditkarten mehr. Geschätzt. Offizielle Zahlen zum Hundestand gibt es keine. Sehr offiziell sind hingegen die Zahlen, die das Innenministerium mit Stichtag 31. Dezember 2019 veröffentlicht hat. Da geht es um Menschen, die (wie Hunde auch) in Österreich gerne ein Zuhause erhalten hätten. Um Flüchtlinge.

Die Zahlen auf der Ministeriums-Homepage:

9.482 Menschen, denen Asyl gewährt wurde.
10.083, denen kein Asyl gewährt wurde.

2.169 Menschen, die subsidiären Schutz erhielten.
7.028, die keinen erhielten.

1.885 Menschen mit einem humanitären Aufenthaltstitel. 13.690 ohne.

Zusammengefasst:

13.536 dürfen bleiben.

30.801 dürfen nicht bleiben.

Weitere 4.233 Fälle werden unter der Rubrik »Sonstige Entscheidungen« geführt. Keine Ahnung, was das heißt. Müssen die alle im Niemandsland zwischen den Grenzen warten?

Warum darf ein Hund U-Bahn fahren und ein Lamm nicht?

Unter den geschätzt 600.000 Hunden hier im Land befinden sich rund 11.000 sogenannte Spezialisten. Sie haben besondere Aufgaben in der Gesellschaft, dienen bei der Rettung, als Assistenz- oder Therapiehunde. Oder sind darauf spezialisiert, mit einer eigenen Dienstnummer bei Heer oder Polizei auf die Jagd nach Zweibeinern zu gehen, die als neue Bewohner nicht erwünscht sind und ohne Erlaubnis ins Land kommen wollen. Die so genannten Illegalen, obwohl ein Mensch bekanntlich nicht illegal sein kann. Ein Mensch ist ein Mensch. Und angeblich sind sie alle gleich. Vor Gott wenigstens. Tröstlich daran ist: Auch unter den Tieren gibt es die

Gleichen und die noch Gleicheren. Ich überlege, was beispielsweise Hunde dürfen, was andere nicht dürfen.

Sie dürfen Öffi fahren. Ein syrischer Bekannter in Wien hat die Erfahrung gemacht, wo der Unterschied im Gleichsein liegt. Das war an dem Tag, als er mit einem Lamm in die U-Bahn der Linie 6 eingestiegen ist.

Die Leute haben sich furchtbar aufgeregt. Ob es mehr Tierschützer waren oder mehr solche, die bloß nicht den Waggon mit einem Schaf teilen wollten, weiß ich nicht. Die Geschichte geht jedenfalls so weiter:

Nach zwei Stationen entern alarmierte Security-Leute die U-Bahn. Sie machen sich groß und zwingen Syrer und Lamm, auszusteigen. Auf dem Bahnsteig schimpfen sie ihn erstmal so richtig. Woraufhin mein Bekannter beginnt, vor versammelter Menge »Au! Au!« zu schreien.

Nein, nein. Die Securitys haben ihn nicht geschlagen. Mein Landsmann hat bloß versucht, in etwas holprigem Deutsch einen Satz zu beginnen, der dann so weitergeht.

»Au au ... ja? Mäh mäh ... nein?«

Dazu müssen Sie wissen: Au au ist Arabisch und bedeutet so viel wie das Deutsche: wau wau. Mäh mäh hingegen ist international. Der junge Mann wollte also sagen:

Warum darf ein Hund mitfahren und ein Lamm nicht?

Vermutlich, weil es Schulen gibt (wenn das mein Vater in Syrien wüsste!), wo Hunde angeblich sogar lernen, ihr Geschäft nur zu verrichten, wo es erlaubt ist.

Es gibt ja mittlerweile sogar Katzenkindergärten. Das können Sie ruhig googeln. Oder weil die »Sackerl fürs Gackerl« nur für Hunde gedacht sind. Nicht für andere Tiere. Oder einfach, weil sonst der nächste mit einem Ochsen anrückt. Oder mit einem Kamel. Oder mit einem Schwein.

So wie 1989 (wieder eine der Geschichten meines väterlichen Journalisten-Freundes) jener Ostdeutsche, der wenige Tage nach dem Mauerfall erstmals auf Urlaub in den Westen fahren wollte. Nach Kärnten. Auf dem Grenzübergang Walserberg war jedoch Schluss. Der Grund: Dort, wo in seinem Trabi einmal ein Beifahrersitz gewesen sein muss, saß nun eine riesengroße dressierte Sau. Als Kopilot. Mit einem Käppchen auf dem Kopf. Die Story, erzählte mein Freund, machte Schlagzeilen. Am Verbot der Weiterfahrt änderte das jedoch nichts.

Bürokratie eben.

Wesentlich besser, denke ich, weil unbürokratischer, haben es da jene, für die dieses Papier bereits ausgestellt worden ist:

Der EU-Heimtierausweis.

Kennen Sie den? Von außen sieht der schon mal wesentlich freundlicher aus als zum Beispiel mein grauer Konventionspass. Dieser Reisepass für Tiere ist in kräftigem EU-blau gehalten, mit strahlend gelbem Sternenkranz und freundlichen Buchstaben. Der braucht keine schwarze Schutzhülle. Wozu auch? Sein Besitzer darf, im

Gegensatz zu mir, ohnehin überall hinreisen. Werfen Sie mit mir einen Blick hinein.

Links oben in fetten Buchstaben:

Beschreibung des Tieres

Darunter ein halbseitiges Foto. Wieder darunter:

Name: Wuffi (Oder bleiben wir bei Maurino. Der hatte ja auch einen.)
Art: Hund
Rasse: Bobtail
Geschlecht: männlich
Geburtsdatum: muss ich Alena fragen (ist schließlich ihr Verwandter, nicht meiner)
Haarkleid: weiß bis dunkelgrau.

Dann, auf der rechten Seite, sind Angaben zur Kennzeichnung des Tieres gefordert: Mikrochip-Nummer, Datum der Implantation, Ort der Implantation, Tätowierungsnummer und Datum der Tätowierung. Am unteren Ende des Ausweises leuchtet eine sehr amtliche Registrierungsnummer auf. So wie die Nummer in einem Reisepass für Menschen. Recht viel mehr steht in meinem Ausweis für Flüchtlinge auch nicht.

Die Syrer hier in Österreich machen gelegentlich diesen Witz:

Erst kommt das Kind. Dann kommt die Frau. Dann kommt der Hund. Dann kommt der Mann. Dann kommt lange nichts. Dann kommt der Flüchtling.

Ich ertappe mich bei diesem absurden Gedanken: Wenn ich mich chippen lasse, darf ich dann den verräterischen grauen Asyl-Ausweis gegen einen EU-blauen mit gelbem Sternenkreis tauschen? Außerdem würde ich mit einem Schlag um zwei Plätze im Ranking nach vorne rücken. Das Nichts und den Mann würde ich mit einem Satz hinter mir lassen. Und wer weiß, vielleicht käme ich, in der richtigen Familie, sogar an die erste Stelle?

So oder so wäre eines gewiss: Ich könnte endlich völlig frei reisen. Das ist nun tatsächlich die Butter der Geschichte.

Nein. Auch nicht. Weil die Geschichte mit Maurino hat ja noch ein Ende:

Als es nach sieben Tagen soweit ist, legen Alena und Ruth gleich am Morgen schwarze Kleidung an. Sie haben Maurinos Hinrichtung zwar mit aller Kraft beschlossen, doch nun keine Kraft mehr, ihr auch beizuwohnen. Während sie zu Hause bleiben und weinen, muss ich, der nicht besonders hundeerprobte Araber, Maurino auf seinem schweren letzten Weg begleiten.

Nein, das alles ist sicher kein Scherz.

Also habe ich das Beste gemacht, was du als Araber in so einer Situation machen kannst, wenn du nämlich beauftragt wirst, einem Familienmitglied die Spritze verabreichen zu lassen und ihm die letzte Ehre zu erweisen. Ich habe gekocht. Ich habe mir gesagt: Wenn Ruth (und Alena) sieben Tage lang für einen Bobtail kochen können, kann ich das auch. Auf meine Weise.

Maurino ist übrigens ganz friedlich eingeschlafen. Ich gebe zu, nicht direkt in meinen Armen. Aber so gut wie. Danach bin ich sofort nachhause gefahren und habe folgende Zutaten bereitgestellt:

2 Packungen Blätterteig
2 Tassen Gemüsesuppe
1 Tasse Reis
3 EL Öl
2 EL Butter
Salz und Pfeffer
150 g Erbsen
350 g Lammfleisch
(oder Rind, auch Faschiertes ist möglich)
170 g Cashewnüsse
(Pinienkerne und Mandeln
passen ebenfalls wunderbar)

Außerdem:
Joghurt
Knoblauch (je nach Geschmack)
Frisch gehackte Minze (nach Belieben)

Und auch noch:
1 Ei
120 g Mandelstifte

Ich mache es meistens so (manchmal aber auch völlig anders):

1. Die Mandelstifte brate ich in einer Pfanne ohne Öl an und stelle sie beiseite.
2. Das in kleine Stücke geschnittene Lamm (oder Rind, Faschiertes) brate ich im Öl in einer Pfanne an. Gewürze und Butter dazu, alles gut verrühren. Mit der Gemüsebrühe ablöschen.
3. Den Reis abspülen, zum Fleisch dazu.
4. Nach ungefähr 20 Minuten (maximal) die Erbsen beigeben. Die Cashewnüsse mit Butter anrösten und dazu geben. Durchrühren.
5. Jetzt den Blätterteig teilen. Je 6 gleich große Teile. Pro Teil ca. 2 Esslöffel der Fülle geben. Die Ecken zuklappen und die Enden eindrehen.
6. Die gefüllten Taschen umgedreht auf ein Backblech legen.
7. Ei vermischen, die Teigtaschen damit einpinseln und die gerösteten Mandelstifte als Verzierung draufgeben (können auch weggelassen werden).
8. Ab damit in den vorgeheizten Herd (190 Grad, Ober-/Unterhitze). Mittlere Schiene. Nicht länger als 20 Minuten backen.

9. Inzwischen Joghurt mit Salz und Minze und gepresstem Knoblauch zum Dip verarbeiten.
10. Taschen und Dip gemeinsam servieren.

Und fertig ist das, was sich Ouzi nennt. Ouzi, die eine von zwei klassischen Mahlzeiten, die man in Syrien kocht, wenn ein geliebter Mensch stirbt. Als ich es Alena und Ruth gesagt habe, waren sie erst einmal wahnsinnig gerührt.

»Was?«, haben sie ungläubig gefragt. »Das Essen ... das war ... du hast unserem Maurino einen Totenschmaus zubereitet?«

»Ja«, habe ich gesagt und mit ernster Miene genickt.

Dann, irgendwann, haben sie den Verdacht geschöpft, ich könnte es womöglich sarkastisch gemeint haben. Ich habe nicht sofort energisch genug dementiert. Ein Fehler, denn sie haben sich bestätigt gefühlt und es mir übel genommen. Ein bisschen wenigstens. Heute ist Gras darüber gewachsen und wir lachen alle drei, wenn wir an Maurino denken: Alena, Ruth und ich.

Und nun zur echten Butter der Geschichte:

Aktive Sterbehilfe (wogegen ich strikt bin, aber das muss jeder für sich selbst entscheiden) ist Tötung auf Verlangen. Aber nur bei Menschen. Bei Hunden im Rang eines Menschen nicht. Trotzdem hat Euthanasie bei Hunden, die wie Menschen (oder besser) behandelt werden, hier große Tradition. Euthanasie bei Menschen wiederum, die wie Hunde (oder schlechter) behandelt werden, hat keine Tradition. Das geht gar nicht.

Außerdem gilt: In Europa sind die Hasen noch gar nicht tot, und die Menschen weinen schon.

PS.: In Belgien, Luxemburg, den Niederlanden, der Schweiz und seit Kurzem auch in Deutschland ist Sterbehilfe (unter jeweils verschiedenen Bedingungen) erlaubt. Für Menschen. Überall anders sind Hunde und Co. im Vorteil. Oder Nachteil. Das hängt davon ab. Weil die Wahrheit, wie ein arabisches Sprichwort sagt, im Auge des Betrachters liegt.

Oder ist es doch die Schönheit?

Warum der Araber bei Bio zu lachen beginnt

Ouzi koche ich zum Glück nicht allzu oft. Nicht, dass es nicht gut wäre oder mir nicht schmecken würde. Aber der Anlass. Es soll doch nicht immer gleich jemand sterben müssen, bloß damit sich die Gelegenheit für einen Totenschmaus ergibt. Auch nicht ein Bobtail.

Ob Kabse, Ouzi oder eines der vielen anderen syrischen Gerichte – bestimmt würden viele von Ihnen nach Möglichkeit Zutaten aus biologischer Landwirtschaft verwenden. Das ist auch so ein Wort, über das ich anfangs hier staunen und lachen zugleich musste.

Bio.

Irgendwie erheitert es mich ja immer noch (von den Preisen mal abgesehen, die ich meinem Vater in Syrien lieber wirklich nicht sage, weil er sonst noch einen Herzinfarkt bekommt). Aber dieser Biowahn an sich. Das ist einem Syrer so was von fremd.

Warum?

Ganz einfach. In Damaskus und Umgebung ist sowieso alles bio. Seit immer schon. Ich kenne nichts anderes seit meiner frühesten Kindheit. Weil es dort nicht so läuft, dass du auf den Märkten das Doppelte bezahlst wie im Supermarkt, bloß weil die Ware frisch vom Bauern kommt. Nein, in Syrien bezahlst du auf dem Markt den halben oder jedenfalls den günstigsten Preis aus genau dem Grund: weil es frisch vom Bauern kommt. Natürlich in Bio-Qualität. Etwas anderes gibt es nicht. Mit dem feinen Unterschied, dass eben keine Großkonzerne ihre Finger im Spiel haben und den eigentlichen Profit einstreifen.

Klar. Spritzmittel (wie auch bei den Biobauern hier) kommen dort ebenfalls zum Einsatz. Fast immer aber nur gegen die Sekten.

»Insekten«, sagt Alena.

Ja. Die meine ich, die mit den Flügeln. Aber sonst nichts. Keine Gentechnik, keine Düngemittel, für die du einen Waffenschein brauchst, und auch kein chemisches Kraftfutter, damit Monsterschafe oder Turboziegen durch die Gegend laufen und täglich fast mehr Milch geben, als sie Körpergewicht haben.

Bio war und ist in Syrien ein Stück des täglichen Lebens. Manchmal werde ich fast wehmütig, wenn ich zurückdenke an unsere Familienausflüge hinaus aufs Land. Freitags. Zu den Bauern. Haben wir zum Beispiel Erbsen gekauft, so haben wir uns gleich fürs ganze Jahr eingedeckt. 60 oder 70 Kilogramm. Alle sind den ganzen Tag beisammengesessen und haben die Erbsen ausgelöst. Tante, Onkel, Mutter, Vater, Bruder.

Oder auch Artischocken. Nur die Herzen, versteht sich. Auch sie in riesengroßen Mengen, säckeweise. Oder Bohnen. Weinblätter und alle Arten von anderem Gemüse, wie zum Beispiel Essiggurken. 30 Kilo und mehr auf einmal. Die haben wir in Gläser eingelegt. Oder Saucen gemacht. Und so weiter. Einfach alles, was sich gut einfrieren oder auf andere Weise haltbar machen lässt.

Mune nennt sich das. Wenn die Familie den ganzen Tag zusammen ist, in großen Mengen einkauft und alles feinsäuberlich verarbeitet. Damit die ganze Verwandtschaft die Vorratskammern wieder auffüllen kann. Dazu kommt: Du bist in der Natur, kochst etwas von der frisch geernteten Ware und fährst mit dem Rest am Abend glücklich und zufrieden nachhause. Wir haben Zeit miteinander verbracht und uns auch noch gegenseitig Gutes getan.

»Jetzt betreibst du aber Sozialromantik, Omar«, sagt mein Freund, der Journalist.

»Sozialromantik? Was ist das?«

»Wenn du Zustände schönredest. Na ja, so ähnlich jedenfalls.«

Nein, das betreibe ich nicht. Egal. Erst jetzt, in der allerjüngsten Zeit, hat sich das zu ändern begonnen. Seit die ach so moderne Welt auch dort unaufhaltsam Einzug hält. Seit der sogenannte Fortschritt begonnen hat, diese wunderbare alte Tradition zu verdrängen. Langsam, doch beständig. Dafür beginnen die Menschen in Europa wiederum vermehrt, genau diese verloren geglaubten Dinge zu schätzen. Das globale Hamsterrad aus Alt und Neu, aus Kommen und Gehen dreht sich ein Stück weiter. Was in war, ist auf einmal out. Was lange nichts wert war, plötzlich wieder gefragt.

»Ja«, sagt Alena, »immer, wenn uns jemand besucht, bringt er selbstgemachte Marmelade mit. Die Regale gehen schon fast über.«

In arabischen Ländern war das Selbermachen auch noch zu einer Zeit völlig normal, als im Westen die Supermärkte schon echte Meister darin waren, alles mit ihren Fertigprodukten zu überschwemmen. Die Menschen in angeblich frischer, doch teils minderwertiger Ware zu ertränken. Mit Tomaten beispielsweise, die aus allen Teilen der Welt herangekarrt werden und die ein Stück echter Erde niemals gesehen haben, weil sie in Nährlösungen wachsen. Oder Früchte, die fünfmal im Jahr in Glashäusern in Spanien geerntet werden und so blass sind wie das Gesicht einer japanischen Geisha. Ja, auch Tomaten haben wir immer im großen Stil eingekauft, sie gekocht und gemixt und hinterher oben auf dem Flachdach unseres Hauses trocknen lassen. Auf Tabletts ausgelegt und mit Tüchern gegen die immer hungrigen Vögel geschützt. Später wurde dann Tomatenmark daraus.

»Erdbeeren«, hat meine Mutter stets gesagt, »essen wir nur dann, wenn es die syrischen gibt. Das sind die besten. Die aus Jordanien kannst du vergessen. Die schmecken wie Wasser.« In Österreich sind aber genau die aus Jordanien begehrt. Oder die aus Israel. Weil die Menschen glauben, auch im Winter alles zu benötigen, was ihnen die Natur in ihrer Heimat um diese Jahreszeit nicht schenkt.

Riesige Supermarkthallen wie in Europa gibt es in meiner alten Heimat so gut wie gar nicht. Ein paar Märkte in den größeren Städten vielleicht, aber auch die sind winzig im Verhältnis zu hier, wo manche so groß sind wie ein Fußballfeld. In Syrien wird überwiegend im Kleinen gehandelt. In einem der sechzehn Bezirke von Damaskus gibt es beispielsweise einen Platz, wo alle Bauern der Region am frühen Morgen ihre Ware hinbringen. Hier nennt man das Großmarkt. Dort decken sich die Besitzer der kleinen Läden noch in den frühen Morgenstunden mit allem ein. Täglich frisch vom Feld.

Meine Mutter hat mir oft den Auftrag gegeben, noch vor der Schule hinzulaufen, um die frischesten Früchte, das knackigste Gemüse zu holen. Oder sofort nach der Schule.

»Später als zu Mittag nicht mehr, Omar«, hat sie immer gesagt. »Danach ist es nicht mehr frisch.«

Hier, in Europa, habe ich gelernt, ist es so: Frisch heißt die Ware (ob Obst, Gemüse oder Brot) bis eine Minute vor Ladenschluss. Danach heißt sie alt, kann nicht mehr verkauft werden und wird weggeworfen. Welche Welt ist das?

Zugleich merke ich aber an meinem eigenen Verhalten: Auch ich werde mehr und mehr ein Europäer.

»Stimmt«, sagt Alena. »Zu Beginn hast du noch alles selber gemacht.«

Genau. Ich erinnere mich, dass es mir anfangs nicht nur körperliche Schmerzen bereitet hat, wenn Ruth auf dem Bauernmarkt ein Kilo Erdäpfel gekauft hat, wo ich beim Türken ums gleiche Geld zehn Kilo bekommen hätte, sondern vor allem daran, dass sie oft mit vollen Einkaufstaschen nachhause kam, in denen lauter fertige Dinge lagen. In meinem Empfinden jedenfalls fertig. Weil vorgekocht oder auf irgendeine andere Weise industriell verarbeitet.

Für Omar, den gelernten Syrer, gab es immer nur frische Ware. Anders als frisch gekocht zu essen, kannte ich gar nicht. Weil das System der Großfamilie auch nichts anderes zulässt. Aber ich muss gestehen: Inzwischen habe ich nachgelassen. Mein Widerstand gegen die Einfachheit und Bequemlichkeit ist fast schon gebrochen, und so bin ich auch in der Küche ein gelernter Österreicher geworden. Die Kichererbsen für den Hummus kaufe ich fixfertig in der Dose, anstatt sie getrocknet zu kaufen und über Nacht in Wasser einzulegen. Andere arabische Speisen auch. Ich passe mich dem rasenden Rhythmus des Alltags an.

Außerdem bin auch ich denkfaul geworden und sage mir: »Warum soll ich es selber machen, wenn die Konzerne es ebenfalls in riesigen Mengen liefern, zu Preisen, wo du sowieso nicht mitkannst.« Was letzten Endes gar nicht stimmt. Ich muss nur die Denkfaulheit überwinden. Aber das System funktioniert. Alles soll schnell gehen, alles am besten schon fertig sein. Hier hast du es, lieber Konsument. Rein damit. Husch, husch.

»Husch Pfusch«, sagt Alena und lacht.

Oder wenn ich an das Fleisch denke. Oh, mein Gott. Als ich in Österreich zum ersten Mal einen Supermarkt betreten und die Fleischabteilung gesehen habe, wollte ich erstmal in eine tiefe Ohnmacht fallen. Denn augenblicklich sind die Bilder aus meiner Kindheit in mir hochgestiegen. Und dazu die Stimme meiner Mutter im Ohr.

»Omar«, hat sie stets mit sehr strenger Miene gesagt, weil es ihr auch besonders wichtig war, »komm mir ja nicht wieder mit so einem minderwertigen Faschierten nachhause wie dieses eine Mal damals, hast du verstanden?«

Ja. Habe ich. Das hätte ich mich nie getraut. Faschiertes in Syrien zu kaufen, heißt nämlich nicht, dass du dir mit der Handschaufel einen Batzen Irgendwas in ein Papier packen lässt, von dem du nicht weißt, was es ist. Natürlich gibt es strenge Kontrollen – und jetzt kommt das berühmte österreichische Aber mit dem, was eigentlich gesagt werden soll.

ABER: Wirklich wissen tust du es nicht.

Dazu vorerst diese kleine Geschichte: In unserer Gasse, nur ein paar Schritte von zu Hause entfernt, haben wir einen Fleischhauer. Auch er hängt – wie alle anderen – sein Fleisch jeden Morgen offen aus. An der frischen Luft (natürlich im Schatten). Nicht, damit es möglichst schnell anfängt zu stinken oder als Festschmaus für die Fliegen dient. Nein. Er hängt es raus, damit jeder sehen kann, wie frisch es ist. Der Fleischhauer schneidet die Ware vor deinen Augen. Geschlachtet wird täglich.

Zu diesem Fleischhauer in unserer Gasse hat unsere Mutter meinen Bruder oder mich regelmäßig geschickt. Üblicherweise läuft das mit dem Faschierten so: Du sagst, wie viel Anteil hapra du willst und wie viel liye. Also rotes und weißes Fleisch (Fett). Für ein Kilo Faschiertes zum Beispiel 650 Gramm hapra. 350 Gramm liye. Den Anteil des einen oder anderen machst du davon abhängig, was du kochen willst.

»Wie machst du es richtig beim Fleischer?«, hat meine Mutter immer gesagt.

»Ich frage wegen der Maschine«, habe ich geantwortet.

»Genau das tust du. Nicht vergessen. Du fragst wegen der Maschine.«

Das zu vergessen, hätte ich mich auch niemals getraut. Sie hätte es bestimmt sofort gemerkt. Wegen der Maschine fragen bedeutet: Du fragst den Fleischhauer, was er zuletzt durchgelassen hat. Durch den Fleischwolf. In jedem anständigen Betrieb in und rund um Damaskus hat der Fleischhauer daraufhin ein Stück Fleisch genommen und es vor deinen Augen durch die Faschiermaschine gelassen. Wie ein natürliches Reinigungsmittel. Damit sie sauber ist und dein Fleisch unverfälscht rauskommt. Genau so, wie du es haben willst.

»Mach das mal bei uns«, sagt mein Freund, der Journalist.

Lieber nicht. Jedenfalls hat man mir schon sehr früh eingebläut: Omar, auch wenn du denkst, dass bei ihm alles frisch ist … einem Fleischer musst du immer besonders genau auf die Finger schauen. Weil ein altes arabisches Sprichwort sagt: Der Fleischer betrügt sogar seine Mutter.

Einmal, ich war keine zehn Jahre alt, war der alte Fleischhauer in unserer Gasse nicht da. Sein Sohn hat bedient. Ich habe nicht gut genug aufgepasst. Er hat mein Fleisch in die Maschine gestopft und eingeschaltet.

»Ist das meines?«, habe ich gefragt und zugleich bemerkt, dass es vorne ganz weiß rauskommt. Was ich gar nicht bestellt hatte.

»Ja«, hat er gesagt.

»Dann behalt es dir lieber!«, habe ich gerufen und bin aus dem Laden gerannt. Auf und davon. Wie der Blitz. Was für ein Dilemma! Einerseits hatte ich eine Höllenangst vor meiner Mutter. Andererseits eine noch größere vor der versammelten Familie des Fleischhauers. Allen voran vor dem dicken Chef selbst mit seinen gelben Zähnen, seinem zotteligen, ungepflegten Bart und dem riesengroßen Bauch. Immer eine Zigarette im Mundwinkel, und in der einen Hand ein riesiges Messer, das er so gerne gewetzt und dabei wie irr in Richtung von uns Buben gegrinst hat.

Von da an war die Angst vor der bitteren Rache des Fleischhauers mein ständiger Begleiter. Mehr als einen

Monat lang habe ich mich nicht an seinem Laden vorbeigetraut und bin oft große Umwege gelaufen.

Als ich nach Österreich kam, bereitete ich selbstverständlich auch das Faschierte selber zu. Ruth hatte eigens dafür den Fleischwolf einer Freundin auf unbestimmte Zeit geborgt. Irgendwann bekam ich ihn schließlich geschenkt. Weil sie ihn als gelernte Österreicherin ohnehin nicht gebraucht hat. Und nun brauche ich ihn, als integrierter Halb-Österreicher, ebenfalls nicht mehr.

Dafür habe ich heute, fast 20 Jahre nach meinem Trauma mit dem weißen Fleisch, wieder einen Fleischhauer, der mir die Ware so zubereitet, wie ich sie gerne haben möchte. Nein, kein Supermarkt. Ein kleiner Laden in Graz, geführt von einem Syrer. Er mischt mir rotes und weißes Fleisch nach Belieben. Aufs Gramm genau. Nur das mit dem Maschineputzen hat er sich ab- oder gar nicht erst angewöhnt. Ein erstes untrügliches Zeichen dafür, dass er begonnen hat, sich zu integrieren.

Oder sehe ich das zu streng?

Vergessen Sie Kebab!

Weil wir gerade bei Fleisch und Qualität sind: Haben Sie schon mal Schawarma gegessen? Das syrische Kebab sozusagen? Nein. Das ist eine Beleidigung. Echtes syrisches Schawarma sieht zwar ein bisschen aus wie Kebab. Aber es ist kein Kebab. Weil es nicht nach Flip-Flops schmeckt. Schawarma aus einem gut geführten syrischen Laden, wie es zum Beispiel in Wien schon den einen oder anderen gibt, ist vielmehr eine kulinarische … ja, wie sagt man da?«

»Eine kulinarische Erleuchtung?«, fragt Alena.

Ja, das wollte ich sagen. Eine Erleuchtung auf der Zunge. Wenn das möglich ist. Probieren Sie es, und Sie werden nie wieder Kebab wollen. Wie denn auch! Kebab bedeutet nämlich:

Da steht jemand da, mit einem Apparat in der Hand, der aussieht wie die Schermaschine in einem Schafstall. Oder der Rasierer beim Herrenfriseur. Ein Jemand, der keine Ahnung hat, was er warum und womit tut. Er könnte genauso gut Automechaniker oder Holzfäller sein. Hauptsache, er raspelt von einem undefinierbaren Batzen Fleisch eine Schicht um die andere runter. Ein Hauch von Kettensägen-Massaker wie im Horrorfilm.

Und erst die Ware! Ein aus Fleischresten zusammengepapptes Etwas, das aussieht wie eine auf den Kopf gestellte Eistüte und vom Chef für gewöhnlich direkt aus dem Kühlregal im nächsten Großmarkt abgeholt wird. Fixfertig zusammengepappt. Fixfertig gewürzt.

Ja, so sehen die Araber das.

Echtes syrisches Kebab, also Schawarma, funktioniert völlig anders. Wer Schawarma macht, ist ein Meister seines Faches. Restaurants, die Schawarma anbieten, machen ihren Fleischspieß ausnahmslos im Haus. Mit frischen Fleischteilen. Oben Brust. Unten Schenkel. Nur Brust allein wäre viel zu trocken. Die Mischung macht es aus. Doch der Brustanteil überwiegt. Und das Fleisch wird mit einem langen scharfen Messer regelrecht filetiert. Allein das Zusehen ist eine Freude. Echte Handwerkskunst von A bis Z. Und dann erst die Gewürze, in die das Fleisch zuvor stundenlang eingelegt wird: Zimt, Koriander, Kurkuma, Paprika, Pfeffer, Minze, Knoblauch, Kreuzkümmel, Kardamom. Eingelegt in einer Marinade aus Zitronensaft. Das verleiht den typischen, leicht säuerlichen Geschmack. Das Ganze kommt dann in ein dünnes Fladenbrot, und dazu sauer eingelegtes Gemüse, Salat, selbstgemachte Mayonnaise und Granatapfelsauce.

Was für eine Köstlichkeit!

Haben Sie immer noch Lust auf klassisches Kebab? In Damaskus gibt es eine Reihe solcher Schawarma-Könner. Der Chef der Chefs sozusagen ist Abu Abed, eine Berühmtheit weit über die Grenzen der Stadt hinaus. Er gehört zu Damaskus wie die Sachertorte zu Wien. Bei ihm gibt es Schawarma nur vom Lamm. Andere bieten es auch vom Huhn an.

Eine ähnliche Institution in Sachen Qualität und Handarbeit heißt Bakdash. Eine Eisdiele mitten im Suq al-Hamidiya in der Altstadt von Damaskus, die seit fast 140 Jahren existiert. Dort wird das Eis noch von Hand geschlagen. Mit einem riesengroßen Holzhammer. Stundenlang. Bakdash ist weltberühmt. Ob Sommer oder Winter, ob morgens oder abends. Die Menschen kommen von weit her und stehen Schlange. Allein schon die mit Pistazien überzogene Booza, zerstoßenes Eis mit einer elastischen Textur, die mit Mastix (dem Harz vom Mastixbaum) und Sahleppulver (gewonnen aus wild wachsenden Orchideenwurzeln) erreicht wird.

Einfach unvergleichlich. Ein Gedicht.

Woher ich überhaupt weiß, wie herkömmliches Kebab schmeckt? Weil ich es, in der allergrößten Not, probiert habe. Probieren habe müssen. Und das nur, weil der Hunger schon sooo groß war und um diese Uhrzeit nichts, wirklich gar nichts anderes verfügbar war. In Graz ist es wie anderswo auch: Ab einer bestimmten Zeit musst du dich für das geringere Übel entscheiden, weil es nur noch Kebab oder McDonalds gibt. Wir (oder die) Araber vergleichen so einen Notstand gerne auch mit der Politik und sagen:

Wähle zwischen Pest oder Cholera.

Also habe ich gewählt. Seither weiß ich es: Kebab schmeckt wie Flip-Flops. Nach Plastik. Sonst nichts.

Von Hunger, Zeit und anderen Irrtümern rund ums Essen.

Weil wir gerade übers Essen plaudern: Ganz ehrlich … bezahlt Ihr Chef das Mittagessen in der Arbeit? Nicht sein eigenes. Ihres! Nein? Dann wird es höchste Zeit, dass er damit anfängt. Machen Sie ihm das klar. Wenn es sein muss, auch mit Nachdruck. Weil das ein Stück Kultur ist, das ihr Europäer wirklich dringend nötig habt. Da könnt ihr was von uns lernen (ja, jetzt bin ich wieder ganz der Araber).

Ich konnte es vorerst gar nicht glauben, als ich Alena eines Abends auf die Schliche gekommen bin. Alena hat damals bei einem Architekten im Büro gejobbt. Und da sehe ich, spätabends, wie sie etwas in ihre Tasche packt.

»Was machst du?«, habe ich gefragt. »Fährst du noch fort?«

»Ich packe meine Sachen zusammen für morgen. Und die Jause fürs Büro.«

Zuerst war ich geschockt. Dann habe ich einen Lachanfall bekommen. »Die Jause? Fürs Büro? Ist dein Chef geistig?«, habe ich gefragt.

»Geistig? Na ja … er hat schon was drauf. Sonst wäre er nicht der Chef.«

»Nein. Das meine ich nicht. Weil er euch nichts zu essen gibt.«

»Meinst du geizig?«

Endlich weiß Alena, was ich meine. Nicht, dass ihr Chef ein schlechter Chef wäre oder gleich ein schlechter Mensch. Nein, er tut einfach nur, was alle anderen hier auch tun. Nämlich nichts. Nicht wenn es um die Verpflegung seiner Mannschaft geht.

Wie kann denn das sein?

In Syrien wärst du da als Chef unten durch. »Was, Omar?«, würden sie mich schimpfen an jeder Ecke, weil sich das im Sturm der bösen Worte verbreiten würde wie ein Lauffeuer, »du gibst deinen Leuten nichts zu essen? Wie sollen sie dann die beste Leistung für dich bringen? Was bist du nur für ein Araber! Ach was, du bist gar kein Araber!«

Sie lachen jetzt vielleicht, doch das ist bitterer Ernst. Bei den großen Betrieben und Konzernen ist das auch in arabischen Ländern so eine Sache. Aber dort sind sowieso die schlechten Sitten zu Hause. Doch in einem kleinen Betrieb? Undenkbar. Da bestellst du und der Chef, der zahlt. Oder er schickt seine Frau. Er bittet sie. Oder er bestellt eine große Platte und bezahlt.

Aber du, der Mitarbeiter? Immerhin verbringst du den ganzen Tag dort. Für ihn. Für seine Firma. Was kostet ihn das denn schon! Das bisschen Essen im Verhältnis zu zufriedenen Leuten! So sehen die Araber das. Und sie handeln auch danach. Und dann erst die Kaffeekassen in den Büros, wo jeder seinen Anteil hineinschmeißt. Nur nicht der Chef, weil der sich oft sogar aushalten lässt. Du meine Güte! Wie habe ich da gelacht, als ich davon gehört habe.

Sie sehen schon: Essen hat einen besonderen Stellenwert in meiner alten Kultur. Essen ist ein wirklich intimes Ereignis. Darum geht der Araber auch nicht besonders oft ins Restaurant. Mit Freunden ab und zu. Das schon. Doch die wenigen Male, wo ich mit meiner Familie in all den Jahren zum Essen ausgegangen bin, kann ich wirklich an zwei Händen abzählen. Das war dann schon etwas ganz Besonderes. Auch gibt es in Syrien diese Restaurant-Kultur wie hier in Österreich nicht.

Essen heißt: Es wird gekocht. Im Kreis der großen Familie. Mit Nachbarn mitunter. Ganz besonders im Ramadan, wo sich der Tisch vor unterschiedlichen Speisen fast biegt, zubereitet von ebenso vielen verschiedenen Menschen. Und dann ist da noch der wunderbare Brauch, dass die Mutter uns Kinder vor dem Fastenbrechen immer mit ein paar Schalen losgeschickt hat, um unser Essen mit anderen Menschen zu teilen.

Sollte man da etwa lieber ins Gasthaus gehen? Was wäre das denn schon für eine Alternative? Du gehst irgendwo hin, lässt dir irgendwas vorsetzen, zahlst und gehst wieder. Eineinhalb Stunden. Vielleicht zwei. Und tschüss.

Das ist dann fast so wie die lästigen Verwandtenbesuche, die ich auch erst hier kennengelernt habe. Nicht die Verwandtenbesuche an sich. Aber die Gewissheit, dass sie nichts als lästig sind. Weil jeder – ob Großeltern oder Tanten auf der einen und Kinder ,Enkel und Neffen auf der anderen Seite – ohnehin froh ist, wenn es endlich vorbei ist.

Bei der Freundin eines österreichischen Freundes ist es so: Schlag zwölf Uhr steht das Essen auf dem Tisch. Mit dem letzten Gongschlag der Kirchenuhr taucht die Hausfrau den Schöpfer in die Suppenschüssel und die Löffel der Gäste gehen nach oben. Zwanzig Minuten später wird bereits der Hauptgang abserviert.

Und während der Geschirrspüler im Schnelllaufprogramm die Ehrenrunde dreht und Teile des Familienporzellans schon wieder verräumt sind, geht es an die Nachspeise.

Dann die verpflichtende Frage: »Noch ein Kaffee? Ein Eiskaffee vielleicht?« (wenn es denn sein muss).

Tschüss-Kaffee heißt das bei uns Arabern spöttisch. Ein letzter Kaffee. Und tschüss. Weil jeder sein eigenes Leben führt, in dem für den anderen kaum Platz ist. Nicht einmal für die eigenen Kinder. Verwandt sein heißt da oft nur, dass man es sich bei der Geburt nicht aussuchen hat können. Dann kommt auch noch Weihnachten, und der totale Stress ist perfekt. Und wehe, ihr kommt wieder zu spät. Dann gibt es eine Bescherung der anderen Art.

Die Araber sehen das eher so: Bist du für zwölf Uhr zum Essen eingeladen, kommst du um zwei, weil du davon ausgehst, dass um vier mit dem Kochen begonnen wird.

Und natürlich bringst du auch mal den einen oder anderen Gast mit, der nicht auf der »Liste« steht. Die es freilich nicht gibt. Nicht im Kopf arabischer Gäste. Nicht im Kopf arabischer Gastgeber. Weil da das alte arabische Sprichwort gilt: *Der Gast hat immer die Würde.*

Das heißt nicht weniger als: Schätze ich meinen Gast, so schätze ich auch jenen, den er mitbringt. Weil er sein Gast ist und somit auch meiner. Weil auch dieser Gast, mag ich ihn auch nicht kennen, die Würde meines Gastes trägt.

Dass das hier nicht ganz so gesehen wird, habe ich schmerzlich erfahren müssen, als ich einen syrischen Kameramann auf dem Linzer Bahnhof abgeholt habe, zugleich eine Einladung zum Essen hatte und meinen Landsmann natürlich mitgenommen habe.

Schon im Auto des Gastgebers habe ich es zu bereuen begonnen. Weil der von unterwegs seine Frau angerufen hat, um sie mit Samthandschuhen vorzuwarnen.

»Äh, Schatz ... es könnte sein, dass ... also unser Gast, Omar, hat am Bahnhof ... nein, nein, er kommt natürlich ... aber er hat jemanden getroffen ... einen Kameramann, der dreht einen – was sagst du? Ja, ich weiß, dass du nur für drei ge–« Dann hat er sich zu mir gedreht und gesagt: »Alles geklärt, Omar. Kein Problem.«

Gar nichts ist okay, habe ich mir gesagt. Weil es ein einziges Dilemma war. Auf der einen Seite mein Gastgeber, den ich (wie der gelernte Österreicher in mir weiß) nicht einfach mit einem zusätzlichen Besucher überrumpeln darf. Auf der anderen mein syrischer Landsmann, der genau das von mir wie selbstverständlich erwartet: dass ich ihn mitnehme.

Mein Gast, der meine Würde als Gast getragen hat, spricht zwar kaum Deutsch. Aber so viel hat er auch begriffen. Die Stimmung war eisig, das Essen wenig. Und mein Gast hat nicht mehr als eine kleine Landschildkröte gegessen. Drei Blätter Salat.

Nun ja. Die Welt ist eben nicht perfekt und auch der arabischste Araber nur ein Mensch. Aber darüber hinaus? Soll ich all die Unhöflichkeiten und Einschränkungen, die es hier in punkto Gastfreundschaft gibt, über mich ergehen lassen und gnadenlos meine Herkunft verleugnen?

Oh nein! Da mache ich nicht mit. Wer bei mir zu Gast ist, hat alle Zeit der Welt und jedes Recht auf Würde. Dass du hier, in Europa, bei der Arbeit halbwegs pünktlich sein musst, habe ja sogar ich inzwischen begriffen. Aber am Sonntag bei der Oma? Oder die Oma am Sonntag bei mir? Soll sie doch später kommen, wenn ihr danach ist. Wenn sie noch aufgehalten wird bei einem Tratsch mit Nachbarn oder so. Soll sie doch die Nachbarin mitbringen. Oder ihren neuen Lover, den sie nicht herzeigen will. Ich habe volles Verständnis.

Hinterher bekommt natürlich auch sie ihren Tschüss-Kaffee. Doch beim Servieren sage ich: »Das ist der

Willkommens-Kaffee.« Spätestens jetzt weiß sie: Ich hoffe sehr, dass du noch bleibst. Und es kommt von Herzen.

Ich habe mich ja wirklich schon an einiges hier gewöhnt, aber: Erst vor Kurzem war ich wieder einmal auf Ruth beleidigt. Sie war zu Besuch bei uns und hat mich doch ernsthaft gefragt, ob sie einen Apfel aus der Obstschale essen dürfe. Können Sie sich das vorstellen?

Ein anderes Mal wollte Alenas Vater bei uns übernachten. Als er gehört hat, dass ich auch da bin, wollte er tatsächlich einen Rückzieher machen und stattdessen nur »zum Mittagessen vorbeischauen«. Nicht, weil er mich nicht mag. Nein, er dachte bloß, er würde stören. Ich war ziemlich verwirrt, wie Sie sich denken können.

Früher, in Syrien, haben wir es so gemacht: Sonntags war Großelterntag. Jeden Sonntag. Da haben sich alle bereits am Morgen getroffen.

Sie machen Frühstück und reden.

Sie überlegen, was es zu Mittag geben könnte und reden.

Sie kochen gemeinsam und reden. Die Frauen am Herd. Die Männer schon etwas abseits.

Sie essen gemeinsam und reden.

Dann, irgendwann, verabschieden sich die Männer. Die Arbeit ruft. Also runter in den Laden oder sonstwo hin. Die Frauen bleiben. Die Kinder bleiben. Der Großvater bleibt. Das ist das Wichtigste. Weil der Großvater nun beginnt, eine seiner fantastischen Geschichten zu erzählen. Da hängen ihm die Kinder an den Lippen, sitzen um ihn im Kreis und sperren die Ohren ganz weit auf.

»Bist du schon wieder sozialromantisch, Omar?«

»Nein, Alena. Ich erzähle, wie es früher war.«

Diese Geschichten waren mal traurig, mal lustig, mal sehr mysteriös, dann wieder auf den ersten Blick geradlinig. Das Besondere und Gemeinsame an ihnen allen aber war: Sie hatten immer etwas zu sagen. Versteckte Botschaften, die erst sickern mussten wie ein Tropfen Wasser zu einem ausgedörrten Samen im Wüstensand.

Eine dieser Geschichten geht so:

Es war einmal ein König. Suleiman war sein Name, und Suleiman war auch ein Prophet. Ein mächtiger obendrein, viel mächtiger als alle übrigen Herrscher auf der Welt. Denn Suleiman hatte zwei ganz besondere Gaben. Er konnte mit den Geistern reden. Und er beherrschte die Sprache der Tiere. Also mussten sie ihm alle dienen. Die Menschen. Die Tiere. Die Geister.

Eines Tages rief Suleiman einen Untergebenen zu sich in den Palast. Als er ihm befehlen wollte, noch mehr von seiner letzten Ernte herbeizuschaffen, ging die Türe zum Thronsaal erneut auf. Ein alter Mann stand vor ihnen.

Es war der Tod in Menschengestalt.

Der Untergebene erschrak zu Tode, zitterte am ganzen Leib und flehte Suleiman an: »*Herr, bitte, lass mich nicht länger hier dienen. Nicht in diesem Haus, wo der Tod ein und aus geht. Schick mich meinetwegen nach China! Ich kann auch dort für dich arbeiten.«*

Suleiman überlegte einen Augenblick, dann nickte er und befahl einem Geist, sich der Sache anzunehmen. Und schon war der arme Untergebene verschwunden und fand sich in einem kleinen chinesischen Dorf wieder.

»Warum hast du den armen Mann so erschreckt«, fragte der König daraufhin den Tod, der noch in der Türe stand. Der sah ihn aus leeren Augen an. »Das war gar nicht meine Absicht. Ich wäre auch nicht gekommen. Doch ich habe mich gewundert, warum er überhaupt hier ist. Weil ich doch am Morgen den Auftrag erhalten habe, seine Seele heute in China abzuholen.«

Ja. Das Schicksal ist unausweichlich. Es holt dich ein, wenn es dich einholen soll. Und so hatten auch alle anderen Geschichten meines Großvaters eine Butter, die du vielleicht nicht sofort siehst oder riechst oder schmeckst. Die jedoch ihre Wirkung niemals verfehlt. Und die am besten nach einem gemeinsamen Essen mit der Familie schmeckt. Als Nachspeise.

Das ist die Butter dieser Geschichte.

Kultur & Sex: Der Blick ins Paradies.

Kultur, sagt man, ist ein dehnbarer Begriff. Österreich, sagt man auch, ist das Land der Kultur. Der Hochkultur. Das hat man mir hier ziemlich bald mitgeteilt.

Hochkultur, habe ich mir daraufhin zurechtgelegt, sagen die Menschen vermutlich deshalb, weil du sie konsumierst und sie dir ein Hoch beschert. Geistig. Vielleicht auch körperlich. Sie heißt bestimmt nicht so, weil sie hoch angesiedelt ist. Müsste sich dann nicht alles ganz oben, auf den Dächern, abspielen?

Genauso ein Stück Hochkultur hat Peter, mein anderer väterlicher Freund, mir eines Tages in Aussicht gestellt. Peter lebt wie ich in Graz und ist der Lebensgefährte einer engen Freundin von Alenas Mama Ruth. Er hat sehr weißes Haar, ist auch sehr weise, fährt täglich viele Kilometer mit dem Rad zur Arbeit, ist einerseits der Schatten meines Vaters hier in Österreich, und andererseits wieder nicht. Weil er mir auf Augenhöhe begegnet. Weil er mir nicht nur Vorbild, sondern ebenso sehr Freund ist.

»Omar«, hat Peter zu mir gesagt. »Putz dich morgen Abend fein raus. Wir haben etwas vor. Es gibt Kultur.«

»Ach ja? Was denn?«

Wenig später weiß ich es, und ich mache meine größten Fladenbrotaugen.

»Nein, Peter!«, rufe ich. »Das mache ich nicht.«

»Aber warum denn? Hast du Angst, dass du es nicht in vollen Zügen genießen kannst? Du wirst sehen, das ist eine feine Sache.«

Peter?, denke ich. Du? Was ich mir sonst noch denke, behalte ich ebenfalls für mich. Andererseits, wer kann schon wirklich hineinblicken in die Menschen, ganz tief in den hintersten Winkel einer hoffenden und begehrenden Seele. Und ein neuer Einblick ins Wesen eines vermeintlich sehr vertrauten Österreichers ist letztlich nicht mehr als das:

Ein neuer Einblick.

Natürlich kann ich nicht anders. Natürlich denke ich zurück an mein erstes Mal. An meine erste und einzige Erfahrung, die ich diesbezüglich gemacht habe. Das war vor fast schon zehn Jahren. Ich war Student der Betriebswissenschaften.

Damals war ich, ohne es wirklich zu wollen, in Radwans Clique hineingerutscht. Der Freund eines Freundes einer Freundin eines Freundes sozusagen. Ein bisschen wie hier mit den Beziehungen. Nein, genau genommen war Radwan der Lover einer guten Freundin. Radwan (oder auch Raduan) bedeutet so viel wie: Wächter des Paradieses. Niemals jedoch wäre ich auf die Idee gekommen, dass dieser Radwan seinen Namen zum Programm macht.

Radwan kam mir von Anfang an etwas seltsam vor. Er war einfach anders. Immer um den Dreh auffälliger. Immer um den Tick verrückter und ausgeflippter. Immer ein Stück radikaler. Ich wusste es nicht aus eigenen Beobachtungen, doch man sagte ihm nach, dass er so gut wie nichts ausließ. Von A wie Alkohol über D wie Drogen bis F wie Frauen. Ein Leben wie ein einziger Exzess. Aber es war sein Leben, nicht meines.

An jenem Tag, um den es geht, wird Id al-Fitr abgehalten. Das traditionelle Zuckerfest, besser bekannt unter Fest des Fastenbrechens am Ende des Ramadan. Mein bester syrischer Freund Firas ist nicht da. Urlaub mit der Familie. Also rufe ich mehr aus Langeweile als aus Unternehmungslust Radwan an.

»Wie sieht's aus bei dir, hast du schon was vor heute Abend?«

»Das trifft sich wunderbar!«, ruft Radwan. Er scheint bester Dinge zu sein. »Komm einfach vorbei. Ein Freund kommt auch mit. Wenn du willst, bring jemanden mit.«

Dann nennt er mir die Adresse, wo wir uns treffen wollen. Sie liegt mitten in Damaskus, in der Nähe eines Hotels am Ufer des Barada, jenes Flusses, der sich mitten durch die syrische Hauptstadt schlängelt und ihrer ohnehin malerischen Atmosphäre zusätzlichen Glanz schenkt. Al Rabwah heißt die Gegend. Ein sehr angesagtes Viertel mit jeder Menge Cafés und anderen Lokalen.

Ich rufe Abu Samer an. Er ist ein sehr schüchterner junger Mann, noch um vieles zurückhaltender, als ich es damals bin. Und ein guter Freund, der später, als ich bereits in Richtung Europa geflohen bin, auf tragische Weise ums Leben kommen sollte. Ein Hinterhalt der Geheimdienst-Schergen von Diktator Assad, in den Abu Samer und einige Freunde geraten, als sie versuchen, Babynahrung und andere Lebensmittel in meine da bereits hermetisch abgeriegelte Heimatstadt Ost-Ghuta zu schmuggeln.

Als Abu Samer und ich nach Al Rabwah kommen, sehen wir schon die typischen Lokale. Alles ist ein bisschen Schickimicki. Aber anders als hier in Österreich. Weil die Menschen dort zum Beispiel hinkommen und ihr eigenes Essen mitbringen. Auch die Getränke. Sie packen Körbe voll, strömen in die Lokale und mieten dort einen Tisch und eine bestimmte Anzahl von Sesseln. Natürlich kannst du auch etwas bestellen. Aber nur Kleinigkeiten. Wer wirklich Gutes haben will, bringt es von zu Hause mit und zahlt Gebühr für Tisch und Sitzgelegenheit. So läuft das. Ein Hauch von Donauinsel, könnten Sie nun sagen. Ja, aber doch völlig anders.

Wir suchen die Adresse. Nein, es ist keines dieser Cafés. Es ist ein Haus mit einer mächtigen Fassade und einem ebenso mächtigen, mit wunderschönen Arabesken verzierten Eingangstor. Wir stehen dicht davor und klopfen. Kein Laut dringt von drinnen zu uns durch. Ich zücke mein Mobiltelefon und rufe Radwan an. Wie vereinbart.

Dann springt die Türe auf. Vor mir steht ein riesenhafter Türsteher (der erste, den ich in meinem Leben zu Gesicht bekomme), der augenblicklich nach meinem Ausweis verlangt. Dahinter Radwan. Er ist gut, nein: verdammt gut drauf. Bestimmt hat er jetzt schon jede Menge Alkohol getrunken. Ich selbst hatte bis dahin nicht ein einziges Mal getrunken. Nicht einen Tropfen. Ich war knapp 20 und hatte nie Lust darauf verspürt. Das hatte nicht nur mit dem Glauben zu tun. Alkohol war verpönt und allein darum kein Thema. Bis ich nach Österreich kam.

»Die gehören zu mir«, lallt Radwan in Richtung des Türstehers. Ja, er ist völlig besoffen. Jetzt schon. Um diese Uhrzeit. Aber wenn wir schon mal da sind. Außerdem erhaschen Abu Samer und ich, an dem Klotz von Türsteher vorbei, einen ersten Blick ins Innere.

Ya-iIlahi. Wo bin ich hier gelandet? (Ja, schon wieder.)

Wir wissen es nicht genau, doch wir haben so eine dunkle Ahnung. Oh mein Gott! Ist das hier das Paradies? Ist Radwan tatsächlich sein Wächter? Überall Lichter. Überall bunte, grell blinkende Lichter. Überall Frauen. Überall wunderschöne Frauen. Überall wunderschöne halbnackte Frauen. Leichtest bekleidet mit Glitzer-BHs und Höschen mit kaum mehr Stoff als die Augenbinde von Jack Sparrow in *Fluch der Karibik*. Bin ich im Paradies gelandet? Ich kann mich allerdings nicht erinnern, dass ich mich in die Luft gesprengt hätte. Und erst jetzt, als hätten meine Augen (allerdings vergeblich) versucht, den Ohren das Hinhören zu verbieten, dringen auch die Klänge aus dieser Oase der Lust zu mir durch.

Die gehören zu mir, hat Radwan, der Wächter des Paradieses, gesagt. Und auf einmal ist der Ausweis bei uns Neuankömmlingen auch kein Thema mehr. Herein mit euch! Die Vermutung liegt auf der Hand: Freund Radwan ist wohl nicht zum ersten Mal hier.

Stocknüchtern und doch sehr benommen wanken wir zu einem Tisch. Frauen schwirren um uns her wie die Motten ums Licht. Karten spielen oder Shisha rauchen oder etwas anderes Lustiges, was wir erwartet haben, sieht definitiv anders aus. Abu Samer und ich sehen uns zweifelnd an.

Davonlaufen?

Auch keine Option. Der Spott von Radwan und anderen unserer Clique, denen er bestimmt davon erzählen würde, wäre uns gewiss und unser ständiger Begleiter durch das weitere Leben. Also beschließen wir mitzuspielen. Fürs Erste. Man kann ja rasch was trinken und wieder gehen. Ganz ohne Gesichtsverlust.

»Was wollt ihr trinken?«, fragt da auch schon ein Kellner, während eine junge Schönheit hinter ihm vorbeitanzt.

»Für mich einen Orangensaft«, sage ich.

»Für mich Kaffee«, sagt Abu Samer.

Später, in Österreich, gewöhne ich mich bald daran. Doch hier ist es das erste Mal in meinem Leben, dass mich jemand ansieht wie einen Außerirdischen.

»Seid ihr sicher?« Die Stimme des Kellners ist rau.

»Ja«, stottere ich. Der noch schüchternere Abu Samer schweigt.

Dann tanzen auch schon die ersten zwei Damen direkt an unseren Tisch. Sie wollen uns verführen. Sie wollen, dass wir ihnen einen Sekt zahlen. Kein Gläschen. Eine Flasche natürlich. Umsatz machen. Was danach geschieht, ist (wie Radwan uns wortreich erklärt) eine Frage der Vereinbarung unter vier Augen. Du gehst mit ihr zu ihr. Du gehst mit ihr an einen anderen Ort. Nur dort, wo wir sind, bleibst du nicht. Es gibt auch gar keine Zimmer. Prostitution ist schließlich streng verboten in Syrien.

»Das läuft bei uns etwas anders«, wird mein Freund, der Journalist, später sagen. Ich werde lachen, ihn aber nicht fragen, woher er das weiß.

Aber weiter im Text: Was sollen wir tun? Radwan und sein Freund (sie sitzen am Nebentisch) sind bereits stockbesoffen. Bei jedem sitzt eine Dame auf dem Schoß. Jeder hat einen Drink in der Hand. Jeder zwinkert uns auffordernd zu. Jeder blinzelt zwischendurch ins Dekolleté seiner Flamme für die Nacht. Und der Kellner steht auch da und wartet. Die wollen Umsatz.

»Okay«, sage ich. »Wir hätten gerne eine Shisha.«

»Für jeden?«

Abu Samer winkt ab. »Nein«, sage ich, »eine für uns beide.«

Die Blicke des Kellners werden immer düsterer. Er dreht ab und geht. Dann sehe ich, wie er an einen Tisch näher zur Bühne gewinkt wird, kurz nickt und in die Tasche greift. Plötzlich hat er einen Laserpointer in der Hand. Er visiert damit ein Mädchen an, zeichnet ihr ein Muster an die Brust. Dann dasselbe Signal an ein zweites Mädchen. Beide wissen Bescheid. Sie trippeln an den Tisch.

Wir können es kaum fassen. Inzwischen kommen Radwan und sein Freund an unseren Tisch. »Was ist los mit euch, Burschen?«, brüllt Radwan. »Hemmungen?« Die hat er selbst jedenfalls nicht. Eine Runde nach der anderen bestellt er. Immer mehr junge Damen gesellen sich zu ihm, immer mehr Gläser und Flaschen stehen da, während Abu Samer und ich uns immer mehr in unsere Sitze drücken, weiterhin Shisha rauchen, irgendwann doch noch einen zweiten Kaffee und einen zweiten Orangensaft bestellen und sehr große Augen machen.

Mehrmals haben wir versucht zu gehen. Doch jedes Mal ist Radwan zur Stelle und überredet uns zu bleiben. Irgendwann raffen Abu Samer und ich uns doch auf. Wenn wir schon hier sind … wenigstens ein bisschen tanzen. Ja, das wollen wir. Also stellen wir uns auf. Ein typischer arabischer Tanz, wo jeder den nächsten an der Hand nimmt. Und dann wird getanzt. Im Kreis.

»Lauter Männer, die sich die Hand geben und im Kreis tanzen? Probier´ das mal bei uns in einem Puff!« (Mein Freund, der Journalist)

Aber weiter im Text: Dann, nach Stunden, heißt es plötzlich: »Wir gehen!«

Endlich. Doch nun bekommen Abu Samer und ich die Rechnung serviert. Natürlich hat Radwan beschlossen, dass wir die enorme Summe, die er, sein Freund und ein zweiter Begleiter verursacht haben (der auch irgendwann aufgetaucht ist und mitgesoffen hat), brüderlich teilen.

Durch fünf.

40.000 Lira. Dafür muss ich fünf Monate lang arbeiten. Durch fünf geteilt ist es immer noch ein ganzer Monatslohn. Für zwei Orangensäfte und eine halbe Shisha. Mehr habe ich nicht konsumiert.

»Das zahle ich nicht«, sage ich. Mein Freund Abu Samer nickt.

»Ihr zahlt das nicht?«

Das sagt nicht Radwan. Das sagt einer der riesigen Türsteher, der sich plötzlich vor uns aufgebaut hat. Also zahlen wir. Jeder den fünften Teil. Nein, ich zwei Fünftel, weil Abu Samer fast nichts eingesteckt hat. Am Ende reicht das Restgeld nicht einmal mehr fürs Taxi.

Ja, so war das mit meinem ersten Besuch in so einem Etablissement. Und genau daran muss ich denken, als Peter mich einlädt, es ein zweites Mal zu tun. Weil er doch gesagt hat:

»Komm, Omar, wir gehen ins Kabarett.«

So unterschiedlich die Kulturen auch sein mögen, manche Dinge sind eben gleich. Heißen auch gleich. Weil diese Art von Veranstaltung sich auch in Syrien so nennt: Kabarett.

Wie soll ich das bloß Alena beibringen?

Am besten gar nicht. Ich beschließe, es trotz allem wissen zu wollen. Immerhin gibt es bestimmt auch in der Hinsicht kulturelle Unterschiede. Also erfinde ich eine (ziemlich billige) Ausrede. Ich wasche am frühen Morgen mein Haar. Ich rasiere mich feinsäuberlich. Ich ziehe meine allerschönsten Klamotten an. Und fahre mit Peter ins Kabarett.

Soll ich Peter sagen, dass ich vorsichtshalber kein Geld mitnehme, überlege ich noch beim Einsteigen in den Wagen? Nein. Peter hat gesagt, er lädt mich ein. Also kann nichts schiefgehen.

Später betreten wir ein Theater. Aha, denke ich. Da ist er schon, der erste kulturelle Unterschied. Kein Holztor, hinter dem sich mit viel Lärm das Paradies auftut. Nein. Hier machen sie es auf einer richtigen Bühne. Wo du sitzt und wartest, bis die Show losgeht. Wie im Moulin Rouge in Paris. Man kennt das ja. Aus dem Fernsehen. Auch als Araber.

Das Licht geht aus. Die Menschen applaudieren. Ein Mann, nicht viel größer als ich, tritt hinter dem Vorhang hervor. Noch mehr Applaus. Er ist mir auch im Aussehen nicht ganz unähnlich, wirkt auf eine seltsame Weise arabisch. Kann das sein? Ein Araber? In dieser Branche? Ich höre mir selbst beim Denken zu. Ist das jetzt der ... wie sagt man hier, wenn einer die Türe zuhält? ... ja, der Zuhälter? Und wo sind die leicht bekleideten Damen? Was ist mit der Musik? Wird hier auch im Kreis getanzt? Dafür scheint mir allerdings der Platz nicht zu genügen.

»Er heißt wie du«, flüstert mir Peter auf einmal ins Ohr.

»Khir Alanam?«, frage ich erstaunt.

»Nein, Omar. Er heißt Omar.«

Und erst dann, iiirgendwann, beginne ich zu begreifen. Omar, du Idiot! Nein, nicht der auf der Bühne. Ich selbst. Dieser Mann ist alleine da. Er will dir auch keine Frau für die Nacht vermitteln oder eine Flasche Sekt zu einem weit überhöhten Preis andrehen oder sonst was. Es ist sein Humor. Den will er loswerden. Seine Kritik an der Gesellschaft.

Später haben nicht nur die Menschen im Saal viel gelacht, sondern auch ich. Erst über mich selbst. Danach über die Pointen, die Omar Sarsam (ein hier sehr bekannter Kabarettist, wie auch ich inzwischen weiß) auf der Bühne von sich gegeben hat. Ich habe fast alle verstanden.

Und dann, einigermaßen erholt und wieder mutig und schon im zweiten Teil des Programms, werde ich beinahe zum Party-Crasher. Als der andere Omar nämlich eine seiner vielen Wortspielereien macht und ins Publikum ruft:

»Bestimmt kennt ihr ein paar arabische Worte. Zum Beispiel dieses: Was heißt auf Arabisch Schatz oder Liebling?«

»Schatz heißt Kansi!«, rufe ich.

Stille. Dann: »Woher kommst du?«

»Syrien«, rufe ich zurück und spüre das Funkeln seiner Augen auf mir ruhen. Auch wenn er mich vermutlich gar nicht sehen kann.

Dennoch wird es nichts mit dem Party-Crashen. Weil Omar Sarsam zu Omar Khir Alanam hinab in die Dunkelheit ruft:

»Nein. Nicht deines. Das andere, das echte Arabisch.« Gelächter.

Er ist eben doch ein Profi, denke ich. Wenn auch auf einem gänzlich anderen Gebiet, als ich vermutet habe.

Oasen, wo du Sex auf Krankenschein kriegst ... und mehr als das.

Ob ich enttäuscht bin, dass es nur dieses Kabarett war und nicht das andere Kabarett?

Gar nicht. Im Gegenteil. Oftmals, muss ich gestehen, ist mir die allzu heftige Küsserei auf der Straße schon zu viel. Dieses gegenseitige Verschlingen von Zungen, dass man meinen möchte, am Ende ist nur noch einer von beiden übrig, weil der andere gefressen wird vor lauter Hormonen.

In Syrien war das zu meiner Zeit (wie das klingt!) so: Küssen auf der Straße? Besser nicht. Big Brother Assad ist überall. Händchenhalten und ein schüchternes Bussi auf die Wange sind gerade noch tolerierbar. Was darüber hinausgeht, kann zum Problem werden. Ich habe es am eigenen Leib erlebt.

Ein Security auf der Uni machte mich dort nämlich so richtig zur Sau, als ich mich dazu hinreißen ließ, ein wenig zu schmusen. Ein einziges Mal nur, und das wurde mir bereits fast zum Verhängnis.

»Soll ich helfen? Oder braucht ihr eine Decke auf dem Boden?«, rief er uns zu, als er meine Freundin und mich hinter einer Säule erwischt hatte. Er versperrte uns den Weg. Danach ging es so richtig los. Er drohte mit einer Anzeige. Das wäre weniger für mich ein Problem gewesen als für meine Freundin. Weil in den Augen vieler sogenannter Moralisten des Staates bereits harmlose Zärtlichkeiten wie eine kleine Knutscherei den Verdacht von Prostitution in den Raum stellen. So jedenfalls wird es ausgelegt.

Mit echter Moral hat das üblicherweise nichts zu tun. Diese Typen, ob Security oder Geheimpolizei, haben mit ihrem Einschreiten zweierlei im Sinn: Entweder sie bekommen auf die Tour die Telefonnummer des Mädchens, um sich später selbst an sie ranzumachen. Oder sie bauen auf das System der arabischen Kreativität. Bakschisch. Oder erst das eine, und dann das andere.

Ich entschied mich für die Kreativität, bevor er überhaupt noch dazu kam, sein Netz nach meiner Freundin auszuwerfen. 500 Lira. Das war viel Geld für mich als Studenten.

Tatsächliche Prostitution gibt es natürlich auch. Mitten in Damaskus zum Beispiel, rund um den Marjeh-Platz am westlichen Rand der Altstadt, steht eine Reihe von Hotels, die jeder Mann kennt. Nicht zwingend als Besucher. Doch die Existenz ist ein offenes Geheimnis. Da sind die Russinnen (die am meisten begehrten, wie es hieß, aber auch die teuersten). Dort die Syrerinnen. Da wiederum die aus dem Libanon. Und so weiter.

Das ist umso bemerkenswerter, als dass nur einen Steinwurf von diesen illegalen Bordellen entfernt das syrische Innenministerium beheimatet ist: auf dem Marjeh-Platz.

Soviel zum Thema Moral.

Wer es etwas diskreter will (schließlich kannst du bei Betreten oder Verlassen der heimlichen Bordelle gesehen werden), der setzt in Syrien auf die anonyme Welt der Inserate. Was das Wort kreativ für Bestechung ist, ist das Wort Massage für bezahlten Sex.

Die Dienstleistung wird gewissermaßen im Doppelpack angeboten. Du rufst die Nummer in der Zeitung an, machst einen echten Massagetermin aus und landest irgendwo in der Stadt in irgendeiner Wohnung. Erst dort entscheidest du (je nach Mut, Lust, Preis oder Angebot), ob es beim bloßen Lockern deiner Muskeln und Wegkneten von Verspannungen bleibt oder nicht.

Als ich bereits in Österreich war, hat das einige Verwirrung bei mir ausgelöst. Ich musste mal für ein paar

Tage ins Spital, weil ich Schmerzen in der Halswirbelsäule hatte. Und hinterher bekam ich von irgendeinem Arzt einen Zettel in die Hand gedrückt, auf dem stand:

Überweisung.

»Wohin muss ich gehen?«, fragte ich einigermaßen schüchtern.

»Sie gehen zur Massage, Herr Alanam. Aber keine Sorge. Sie müssen das nicht selbst bezahlen. Das geht auf Krankenschein.«

Können Sie sich vorstellen, was in dem Moment in mir vorging? Wie soll ich das Alena beibringen? Soll ich es ihr überhaupt beibringen? Immerhin war das fast eine Art Befehl, den mir der Arzt erteilt hat. Außerdem … in meiner Heimat hat es sich nie ergeben. Warum nicht in Europa?

Und können Sie sich erst vorstellen, wie es mir erging, als ich zur Gebietskrankenkasse in Graz kam? Wo ich einen Warteraum voller Menschen vorfand, die alle offenbar auf denselben Gratis-Service warteten wie ich? Ist das hier die Oase, wo es für die Dürstenden Sex auf Krankenschein gibt?

Gott sei Dank hat sich dieses riesengroße Missverständnis für mich rasch aufgeklärt, lange bevor ich Vater geworden und das erste Mal auf einen Workshop mit der Bezeichnung Babymassage gestoßen bin. Ich weiß nicht, ob ich ohne Aufklärung in so einem Land auch nur einen Tag länger hätte bleiben wollen.

Aber selbst dann, als ich mich zu den Eingeweihten zählen durfte, lief lange Zeit und ganz automatisch der alte Film in meinem Kopf ab, wenn Freunde oder Bekannte mir eine Absage für ein Treffen erteilten und als Grund das für einen Araber Unaussprechliche einfach so offen aussprachen:

»Leider, Omar, heute Abend geht nicht. Da geh ich zur Massage.«

Erst seit kurzem, seit ich selbst mit Naël bei der Babymassage war und mich überzeugen konnte, dass auch dieses Angebot keine Falle ist, habe ich das Sprachtrauma überwunden. Aber es hat gedauert. Und natürlich (das möchte ich nicht verschweigen) haben mich die Damen (von der Kursleiterin bis zur letzten Teilnehmerin) beim Massagetermin mit meinem Sohn sehr, sehr genau gemustert. So etwas wie mich, so ein exotisches Papa-Tier, bekommen sie schließlich nicht alle Tage zu sehen.

Doch wir waren ja bei der echten Zügellosigkeit. Dass man es damit in Europa etwas lockerer halten würde, war mir in Ansätzen bekannt. Auch in Syrien eilt etwa Paris der Ruf voraus, die Stadt der Liebe zu sein. Oder ist das heute nur noch ein längst überholtes Klischee?

Wie sehr ich allerdings hier in aller Öffentlichkeit auf Sex und Zügellosigkeit und Nacktheit ohne irgendwelche Konsequenzen stoßen würde (von meinen vor Scham erröteten Ohren und Wangen mal abgesehen), war mir anfangs doch eher unheimlich. Nun ja, nicht nur anfangs, denn diese Geschichte ist erst etwas mehr als ein halbes Jahr alt.

»Hüllenlosigkeit in Hülle und Fülle«, sagt mein Freund, der Journalist, und lacht.

Ja. An Orten, wo du sie als Araber nicht vermuten würdest. Sogar im Familienurlaub. Mit sehr starker österreichischer Beteiligung. Nein, mit fast ausschließlich österreichischer Beteiligung.

Wir fahren nach Kroatien. Alena und ich. Wir beide wissen: Es ist unser letzter Urlaub zu zweit für eine sehr lange Zeit. Alena ist schon ziemlich schwanger. Wir sind also auch bereits ziemlich nah dran, eine Familie zu sein. Allzu weit fahren wollen wir nicht. Die Wahl fällt auf Istrien. Das wunderschöne Rovinj. Von Graz aus ist es bloß ein Katzensprung.

Alena und ich zählen uns zu jenen Menschen, die es nicht gerne im Rudel haben. Nein, das ist keineswegs schlüpfrig gemeint. Wir wollen einfach nicht mit der Masse in der Sonne braten. Große öffentliche Strände und kilometerlange Liegestuhlreihen, wo noch vor Sonnenaufgang mit Handtüchern um die besten Plätze gerauft wird, scheiden aus.

Etwas Kleines, Feines, nach Möglichkeit Abgelegenes soll es sein. Der Geheimtipp, nach dem sich jeder sehnt und von dem es sich zu Hause bei den Freunden dann so schön schwärmen lässt.

Der Plan lautet daher: Es gibt keinen Plan. Fahren, fahren, fahren. Bis es passt. Wir lassen uns treiben. Ohne Navi. Bis wir ankommen.

»Ja«, sagt Alena und lacht. »Angekommen sind wir dann auch.«

Irgendwann steuern wir auf das Ende einer, wie wir meinen, ziemlich abgelegenen Route zu. Zu unserer Überraschung ist da ein gar nicht so kleiner Parkplatz. Und zu unserer noch größeren Überraschung kommen uns die Kennzeichen der Autos so vertraut vor.

»Sieh mal, Alena«, sage ich. »Hier sind fast lauter Österreicher. Ist das jetzt gut oder ist das schlecht?«

Alena überlegt einen Augenblick. »Weiß auch nicht recht.«

Da jedoch nur sehr wenige Deutsche dabei sind und kaum Italiener, dafür jede Menge Steirer, sind wir beruhigt. Außerdem hat uns gerade vorhin, als wir im Schritttempo Ausschau nach einem Parkplatz gehalten haben, ein Wagen überholt und der Lenker sehr freundlich gewinkt. Natürlich habe ich das Fenster runtergelassen und zurückgewinkt.

»Bestimmt hat er sich so gefreut, dass wir auch aus Graz sind«, sage ich zu Alena mit Blick auf das Kennzeichen des Wagens.

Und Alena sagt: »Wenige Leute scheinen da nicht gerade zu sein … andererseits, vielleicht ist es, weil es hier eben besonders schön ist?«

Ja, sagen wir uns. Das wird es sein.

Wir parken, steigen aus, marschieren los, dem Meer zu. Erst kommen wir an einer kleinen Strandbar vorbei. Wieder winken uns ein paar Leute sehr freundlich zu. Wieder winken Alena und ich freundlich zurück. Wie liebenswürdig die Menschen hier sind. Das Leben ist schön. Vor uns tut sich eine riesige Wand aus Büschen und Bäumen auf, dicht verwachsen. Dahinter, ahnen wir, muss der Strand liegen.

Mittendrin in dieser tiefgrünen Wand entdecken wir einen Durchgang. Nicht künstlich angelegt, sondern von der Natur geschaffen. Wie ein Tor, durch das du in Richtung Paradies schreitest, denke ich. Und Alena (ich kann es fühlen) empfindet in diesem Augenblick ähnlich.

Dann werfen wir einen ersten Blick hinein ins Paradies. Und was wir zu sehen bekommen, ist ein Blick in die Hölle.

»72 Penisse statt 72 Jungfrauen«, werde ich später als Reisenotiz festhalten.

Genau das ist es, was sich vor uns auftut. Dass alle (ausgenommen die hochschwangere Alena und ich) ausnahmslos nackt sind, ist nicht das größte Problem. Was ein FKK-Strand ist, hat sie mir auch schon mal erklärt. Aber das hier? Wenn es bloß ein FKK-Strand wäre.

Nein. Das hier steht definitiv um drei Nummern darüber. Jetzt haben wir das Rudel, das wir keinesfalls haben wollten. Bloß in der ultra-verschärften Version.

»Was meinst du genau?«, fragt mich mein Freund, der Journalist.

Ich schweige, blicke hinüber zu Alena.

»Sie waren nackt. Sie waren 60 +. Sie waren lüstern von der Zehenspitze bis zur letzten Haarwurzel. Sie haben es überall getrieben. Auf den Felsen. Unten am Wasser. Überall. Jeder mit jedem. Ob hetero, lesbisch oder schwul.«

Rums. Aber genauso war es.

Mein Freund, der Journalist, will natürlich Näheres wissen. Doch ich sehe mich außerstande, die passenden Worte zu finden. »Alena, hilfst du mir?«

»Wir wollten natürlich gleich umdrehen«, sagt Alena. »Aber dann fangen einige an zu winken und zu lächeln. Du stehst da und bist wie festgeklebt. Elektrisiert. Ein Stromschlag, der dich nicht auslässt. Und dann sagt Omar plötzlich zu mir: ›Alena, was machen die???‹ – Omar, habe ich gezischt. Du bist sooo peinlich.«

Allmählich erfange ich mich wieder. »Ja«, sage ich, »und da war dieser eine, und unter ihm die Partnerin, das hat ausgesehen wie ein Trapezakt im Zirkus. Und währenddessen hat er die ganze Zeit so lüstern zu mir herübergegrinst.«

Und dann?

»Und dann ist da der eine, der es mit einem Mann macht. Und neben den beiden stehen zwei weitere und kommen runter.«

»Nein, Omar«, sagt Alena und lacht. »Erst holen, dann kommen.«.

Das spielt doch jetzt wirklich keine Rolle, ob man runter mit kommen oder holen verwendet. Was ich sicher weiß: Es ist mir gleich doppelt peinlich gewesen. Weil wir einigen von denen keine fünf Minuten vorher noch zugewinkt haben. Freundlich. Aufmunternd. Und weil es so viele sind da auf dem Strand. Nicht fünf. Nicht zehn. Nein, Dutzende. Und in diesem Moment habe ich geflüstert: »Meine Haare. Alena. Meine Haare.«

»Was ist damit?«

»Hast du nicht die vielen Autos gesehen. So viele aus Graz. Bestimmt erkennt mich der eine oder andere. Beim Fortgehen. In der Straßenbahn. Im Kaffeehaus. Bei einer Lesung! Wenn ich nur einen einzigen zu Hause treffe ... oh nein, bitte nicht.«

»Dann haben wir uns umgedreht und sind davongelaufen. Und alle ringsum haben nur noch stärker gewinkt. Dass wir doch bleiben sollen.«

»Aber wir sind nicht geblieben«, sagt Alena.

»Nein«, sage ich, »sind wir nicht. Und beim Weglaufen und Winken der vielen Menschen in unsere Richtung erinnere ich mich besonders an diesen Typen mit der großen Nase und dem großen ... na, du weißt schon. Das war nämlich der aus dem Auto. Im Vorbeifahren.«

»Wie die Nase des Mannes, so sein Johannes«, sagt mein Freund. »Und das ist sicher nicht arabisch, Omar.«

»Wer ist Johannes?«, frage ich.

Er lacht schallend und schweigt. Bis heute hat er es mir nicht verraten. Wissen Sie es? Und noch eine Frage habe ich: Machen Österreicher immer so intensiv Urlaub?

Schwitzen und Trinken bis zum Umfallen

An Syrien brauche ich auf der Suche nach einem Vergleich zum Swinger & Gay Beach von Rovinj, wie diese Lust-Oase nämlich heißt, ohnehin nicht zu denken. Dank Google weiß ich mittlerweile, dass der Strand ziemlich berühmt ist. Und besonders großer Beliebtheit erfreut er sich bei Österreichern, Deutschen, Italienern und Engländern.

Nichts wäre in meiner alten Heimat damit nur annähernd auf eine Stufe zu setzen. Weil ja nicht einmal die bloße Vorstellung, dass so etwas irgendwo auf der Welt existieren könnte, existiert.

Dass Menschen sich freiwillig in ein winziges Holzhäuschen setzen könnten, um dort zu schwitzen, bis sie beinahe umkippen, und auch noch Geld dafür ausgeben, war für mich ebenfalls nicht vorstellbar. Aber doch um vieles greifbarer und näher dran an der echten Welt aus Fleisch und Blut.

Als Alena mir erstmals erzählt hat, was eine richtige finnische Sauna ist und kann, bin ich mir vorgekommen wie ein Kind in der einen berühmten Phase, die seine Eltern am liebsten überspringen würden:

»Warum, Alena?«, habe ich immer nur gefragt. »Warum machen Menschen das?«

»Weil sie es gerne haben, Omar.«

»Warum?«

»Weil es ihnen guttut.«

»Warum?«

»Weil es gesund ist.«

Und so weiter. Es hat wirklich geraume Zeit gedauert, bis mir die Warums ausgegangen oder zu langweilig geworden sind. Die Überlegung, ich könnte die Warums auflösen, indem ich es eines Tages selbst ausprobiere, ist mir jedoch lange Zeit einfach nur als das erschienen:

Absurd.

Doch ich wäre nicht Omar Khir Alanam, der neugierige Syrer, wenn ich es nicht genauer wissen wollte. Schließlich habe ich auch schon am verbotenen Alkohol genippt. Nur ein oder vielleicht ein zweites Mal. Ehrlich. Das Verbot ist selbst auferlegt, weil ich ja mitansehe, mitansehen muss, was dieser Dämon mit den Menschen anstellt. Dafür brauche ich gar nicht erst *Das Fest des Huhnes* ein drittes Mal zu sehen. Ein Blick auf den Grazer Hauptplatz an einem Freitagabend genügt.

Oder die Erinnerung an eines dieser Lokale, zu denen man angeblich Bauerndisco sagt. Wo junge und ältere Männer mich kurzerhand zum Freiwild erklärten, nachdem es mich dort nach einer Lesung in der Nähe im Bezirk Murau einfach hineingespült hatte. Weil der Laden der einzige war, der weit und breit noch offen hatte. Und sie mich von allen Seiten anstierten und begrabschten wie ein wehrloses Tier im Streichelzoo, von den Haaren angefangen. Und einer wollte es auch mal weiter unten probieren.

Das alles macht der Teufel Alkohol. Das würden diese Menschen im nüchternen Zustand niemals tun (es sei denn, sie sind Stammgäste in Rovinj).

Derselbe Teufel macht auch aus ehrenwerten Herren, die kurz zuvor bei einem Symposion noch stocksteif waren wie eine Haube Schlagobers auf einem Stück Apfelstrudel, sich wild biegende Gummischlangen. Doktoren und Professoren, die nach dem vierten, fünften, sechsten Glas völlig andere Menschen sind. Immer noch genauso liebenswürdig wie zuvor, aber doch plötzlich total verändert. Weil sie anfangen, über die Tanzfläche zu fegen und Luftsprünge zu machen. Energiegeladen wie ein Powerpack-Akku, um am nächsten Tag wieder die Alten zu sein. Eher steif und sehr, sehr seriös. Ich konnte es gar nicht glauben. Denn keine drei Stunden zuvor hatten sie alle sehr ernsthaft meinem kleinen Vortrag zum Thema Würde gelauscht.

In Syrien wären ehrenhafte Professoren und Doktoren, die plötzlich anfangen, wild vor dem Ehrengast und dessen Büchertisch herumzuhüpfen, ein Problem. Weil am

Tag danach für alle Beteiligten nichts mehr wäre, wie es am Vortag noch war. Weil der sechzig Jahre alte syrische Familienpatron spätestens am nächsten Morgen seine Rolle an den nächsten rostigen Nagel hängen kann. Wer würde ihn als das strenge Oberhaupt der Sippe noch für voll nehmen?

Ähnliches empfinde ich bei der Tradition des Ins-Bett-Hupfens bei Weihnachtsfeiern und anderen Anlässen.

»Was du meinst, nennt sich Betthupferl«, korrigiert mich Alena. »Das ist etwas kompliziert, weil ein Betthupferl kann auch etwas mit Kindern zu tun haben.«

Oh nein, bitte nicht! Nicht das auch noch! Ich meine jedenfalls die Variante, wo sie alle sehr viel trinken und am nächsten Morgen sehr wenig davon wissen wollen. Weil der Kollege mit der Kollegin und so. Vielleicht ist sie auch noch die schöne Frau eines Freundes. Stunden zuvor noch gemeinsam nackt und dann wieder artig nebeneinander bei der Arbeit? Wie soll das gehen? Kein Araber könnte am nächsten Tag in der Arbeit so tun, als wäre es nicht geschehen. Wie sollen sie einander in der Arbeit jemals mit dem gleichen Respekt begegnen wie davor? Kaum vorstellbar. Die Beziehung wäre auf alle Tage eine andere. Sie wäre zerstört.

Besonders dramatisch jedoch (weil ich gerade so schön in Fahrt bin) wird es für mich, wenn ich mir vorstelle, dass Eltern sogar ihre Kinder in die Höhle des Löwen Alkohol schicken. Aus freien Stücken. Nein, sie treiben sie in diese Höhle hinein. Ausgestattet mit einer Handvoll Taschengeld, damit sie nur nichts auslassen.

Ja, Eltern tun das tatsächlich.

Ich erinnere mich an ein Gespräch zwischen Alena und ihrem Bruder Nicolai. Es ging um zwei ihrer drei wesentlich jüngeren Halbgeschwister, die Söhne ihres Vaters aus zweiter Ehe. Beide gerade im besten Discoalter.

»Hast du gehört?«, fragt Alena, als wir vom Skifahren zurück ins Hotel fahren. »Papa hat die beiden vorhin gefragt, ob er sie nachher in die Disco führen soll. Und später, in der Nacht, vielleicht auch abholen. Das hat er bei uns kein einziges Mal gemacht.«

»Ja. Sauerei«, stimmt Nicolai zu. Ein Hauch von echtem, doch reichlich spätem Dénischer-Ärger liegt in der Luft.

Und ich, der kleine Araber?

Ich sitze mittendrin und denke: Ihr spinnt alle. Ihr regt euch darüber auf, dass euer Vater euch NICHT IN DIE HÖLLE GEBRACHT HAT? Dass er euch NICHT an einen Ort gebracht hat, wo ihr (mit etwas Pech) K.-o.-Tropfen ins Getränk gekippt bekommt. Wo man euch anbaggert und angrabscht. Wo ihr zu später Stunde in verdreckten Tanzhallen über einen Scherbenteppich wandeln müsst, um an die frische Luft zu kommen und euch dort zu übergeben. Wo ihr …

Hätte ich meinen Vater gebeten, mich unter diesen Voraussetzungen in die nächste Diskothek zu bringen? Nein, hätte ich nicht. Weil er mich im Wissen hätte hinführen müssen, dass ich ziemlich sicher, nein: zu hundert Prozent sicher ziemlich betrunken nachhause komme. Und hinterher soll er mich abholen auch noch?

Ich denke, er hätte auf meine Frage so reagiert: »Verschwinde, Omar, und lass dich nie wieder blicken!«

Einerseits macht es mich immer betroffen, andererseits muss ich hellauf lachen. Denn: Die Angst ist wirklich ein seltsames Tier. Österreich ist ein Volk der Ängste. Vor allem der diffusen Ängste. Ich selbst, als Araber, stehe auch für einen Aspekt dieser diffusen Angst. Die sehr realen Bedrohungen des täglichen Lebens jedoch blenden die Menschen aus. Und schicken ihre Kinder los, damit sie sich besaufen.

Da fällt mir doch glatt diese Szene ein: Maturaball. Die Mutter von Alenas Halbbrüdern wird aus dem Bett geholt. Einer ihrer zwei Söhne kehrt nicht wie ausgemacht nachhause. Er hebt auch nicht am Handy ab. Also rauscht die Mama zum Ball. Nur im Pyjama. Und sie schleift ihren schwer betrunkenen Sohn letzten Endes auch quer über Tanzfläche in Richtung Ausgang.

Das nenne ich mal den gelungenen Ansatz einer Therapie. Denn: Wer möchte das jemals wieder erleben? Wer würde sich nicht davor zu Tode fürchten, dass die Mama es ein zweites Mal tut? Bloß weil ich zu viel getrunken habe? Und wieder vor all meinen Freunden?

Überhaupt: Maturaball! Das allein schon finde ich sooo lustig. Dass es so etwas gibt. In Syrien verläuft das

Ende deiner Schulzeit so: Jemand drückt dir ein Papier in die eine Hand, schüttelt dir (vielleicht) die andere und sagt (vielleicht): »Gratuliere.« Oder auch nicht. Das war's. Denn du weißt: Morgen kannst du anfangen zu arbeiten und zu Hause etwas fürs tägliche Leben beisteuern.

»Der Ball ist nur der Auftakt«, sagt Alena. »Danach kommt die Maturareise.«

»Maturareise?«, frage ich ungläubig.

»Ja«, sagt Alena. »Manche machen Kulturreisen. Städtereisen. Anderen zahlen die Eltern eine einjährige Weltreise. Die Mehrheit allerdings bucht sich für eine Woche Dauerparty irgendwo in Ägypten oder in der Türkei ein.«

»Sexorgie bei Summer Splash«, ergänzt mein Freund, der Meister der raschen Schlagzeile. »Da fahren fünftausend junge Menschen gleich nach der Reifeprüfung hin, um sich eine Woche lang zu besaufen in der Hoffnung, nicht als werdende Eltern nachhause zu fahren.«

Ich kann es nicht glauben. Reifeprüfung?

Und woran ich mich ebenso gut erinnere: Die Maturanten einer anderen steirischen Schule, die es auf besondere Weise krachen haben lassen. Weil als Mitternachtseinlage eine Stripperin aus der Torte gesprungen und der Skandal perfekt gewesen ist. Eine Frau, die damit prahlt, sich demnächst eine dritte Brust anoperieren lassen zu wollen. Und die einen besonderen chirurgischen Eingriff schon hinter sich hat. Ihre Brustwarzen haben die Form zweier Herzen.

Ya-iIlahi. Wenn das mein Vater in Syrien wüsste.

Das Schlimmste, woran ich mich aus meiner Jugendzeit erinnere, ist etwa in dieser Kategorie zu finden: Omar ist statt bis Mitternacht bis um halb ein Uhr fortgeblieben, hat Shisha geraucht und Karten gespielt.

Der Verweis, den ich damals erhielt, hatte es in sich. Was so schlimm war an meinem Verhalten? Das Kartenspielen. Weil der Vorwurf lautete: »Kannst du deine Zeit nicht sinnvoller nutzen? Warum spielst du ein nutzloses Spiel und verbringst die Stunden nicht mit uns, deiner Familie?«

Mehr habe ich an Schandtaten bis zu meinem 18. Lebensjahr nicht aufzubieten. So leid es mir tut. Aber irgendwie begreife ich das alles ja noch. Irgendwie, mit viel gutem Willen und Geist und Engagement für den gelernten Österreicher, der ich auch einmal sein will.

Aber Sauna?

Was mich daran wirklich beunruhigt, ist nicht die trockene Hitze. Was soll das einem Araber schon anhaben? Auch die schmutzigen Witze, die man sich angeblich in der Sauna erzählt, weil sich das so gehört (sagt mein Freund und lacht, Schmäh oder nicht?) oder weil es Tradition ist, irritieren mich nicht. Ich kann ja weghören.

Nein, die schmutzigen erspare ich Ihnen. Und mir auch. Aber auf das hier bin ich gestoßen: Auf eine Aussage von Kurt Tucholsky (den die Österreicher gerne als einen der ihren ausgeben, obwohl er Deutscher war), ein mit ähnlich spitzer Zunge schreibender Schriftsteller und Journalist wie dieser Torberg (Sie wissen schon, der mit dem Affen und dem Luxus und so). Der sagte nämlich in Bezug auf das meist ältere Publikum beim gemeinsamen Schwitzen:

»Sauna? Viel vertrocknetes und abgehangenes Fleisch.«

Was mich beim Thema Sauna aber wirklich aus der Fassung bringt, ist vielmehr diese Vorstellung: es mit meinen Eltern zu tun. So wie hier ganze Familien. Einfach so. Vom Vierjährigen bis zum Opa. Brrrr. Völlig verrückt. Undenkbar für einen Syrer. Das Schärfste, was ich von meiner Mutter je zu Gesicht bekommen habe, war ein winzig kleines Stück ihres Bauches. Und das, finde ich, hat vollauf genügt.

»Was würden syrische Kinder tun, wären sie plötzlich mit ihren Eltern splitternackt in einem heißen Raum eingesperrt, um dort gemeinsam Schweiß abzusondern?«, fragt mich mein Freund, der Journalist. Der will es ja immer ganz genau wissen.

»Sterben«, rufe ich spontan. »Was sonst.«

Dennoch muss ich es wissen. Ich wähle also den Light-Einstieg. Ein kaum belegtes Hotel außerhalb irgendeiner Saison. Der Veranstalter einer Lesung, die ich halten durfte, hat es für mich gebucht.

»Heute versuchen wir es«, sage ich zu Alena, als wir vor einem der Wegweiser im Hotel anhalten und ich auf das Spa-Schild deute.

»Wie du meinst, Omar.«

Heute scheint wirklich wenig los zu sein in dem Hotel. Bestimmt müssen die erst einschalten. Warum sonst wäre da der Hinweis an die Gäste, der Rezeption vorher Bescheid zu geben? Wenn sie extra einheizen müssen, wäre ich bestimmt der Einzige. Ja, das ist erträglich. Soll ich zur Rezeption gehen? Ich merke, wie mein Herz stärker zu schlagen beginnt. Was sage ich dort? Sage ich: Bitte ... könnten Sie ... weil, wissen Sie ... heute ist mein erstes Mal ...?

Was ich um jeden Preis verhindern muss, ist paradoxerweise das, was sich Bühnenkünstler bei der Premiere eines neuen Stückes oder auch ich selbst bei einer Lesung sehnlichst wünschen: ein volles Haus. In einem Raum, der bis auf den letzten Platz gefüllt ist mit fremden, splitternackten Menschen? Du meine Güte!

Alena macht das für uns.

»Österreich«, wird mein Freund von der Zeitung mir später zu meinem Erstaunen berichten, »ist überhaupt eines der wenigen Länder, wo es ist, wie es ist.«

»Was meinst du?«, frage ich.

»Die Italiener gehen in Badekleidung hinein. Die sonst angeblich so freizügigen Franzosen auch. In England gibt es richtig Ärger, wenn du unbekleidet dort sitzt. In den prüden USA sowieso. Nur die Schweizer, die Deutschen und wir Österreicher sind völlig nackt.«

»Was bedeutet das?«

»Das bedeutet: Wenn du anderswo nackt reingehst, gibt es auf gut Österreichisch Brösel.«

»Brösel?«

»Ja. Ärger. Und wenn du hier nicht nackt reingehst, gibt es auch Brösel.«

Ich spüre, wie das dreijährige Kind in mir wieder die Oberhand gewinnt. »Warum?«

»Weil dann die Nackten glauben, dass du ein Spanner bist. So schaut's aus.«

Na bravo. Da habe ich mir für meinen Einstieg in die Welt der Schwitzer und Witzeerzähler genau das richtige Land ausgesucht. Nur die Finnen, lese ich später, wollen es noch nackter. Wenn nackter als nackt überhaupt geht. Weil sie traditionellerweise auch auf das Handtuch zum Draufsitzen verzichten. Schwitzende Haut auf schwitzendem Holz. Natur pur, sagt da die Werbung.

Woher weiß mein Freund das alles? Es scheint, als würde er sich in der Sauna auskennen wie in seiner Westentasche. Die Araber sind da ja räumlich großzügiger, denn sie sagen: Die Menschen von Mekka kennen ihre Straßen am besten. Das ist wesentlich schöner, nicht wahr?

Ich habe Riesenglück. Erstens sind wir tatsächlich allein. Zweitens geht Alena zwar mit in den Spa-Bereich, überlässt die finnische Sauna aber mir. Sie sagt, sie mag es nicht so heiß. Ich habe jedoch diesen Verdacht: Sie will nicht mitansehen müssen, wie nervös ich bin. Wie seltsam ich mich verhalte.

Was macht der Mensch, wenn er an einem ungewohnten Ort ist?

Er beginnt zu grübeln. Er schließt die Augen, und vor dem inneren Auge beginnen Realität und Tagtraum ineinanderzufließen wie die Zutaten eines libanesischen Fruchtcocktails. Oder (das gefällt mir besser) wie bei einem Sahlab, dem berühmten arabischen Milch-Maisstärke-Drink.

Also lasse ich die Bilder fließen, beginne ich zu grübeln.

Was, wenn ich ausgerechnet hier jemanden treffe, den ich kenne? Oder einen, der mich kennt? Den mit der großen Nase aus Rovinj zum Beispiel? Bitte nicht. Oder den Fleischhauer aus unserer Gasse in Ost-Ghuta, der bestimmt noch ein Hühnchen mit mir zu rupfen hat, weil Araber so etwas nicht vergessen?

Schweiß tritt mir auf die Stirn, perlt an mir hinab. Oder die Journalistin, die mich kürzlich fürs Fernsehen interviewt hat? Oder diese ausgesprochen hübsche Lehrerin mit den wirklich tollen Kurven, bei der ich schon den einen oder anderen Workshop abgehalten und schon bald wieder einen habe? Mit einem Schlag wäre zwischen uns nichts wie vorher.

Wie begrüße ich sie? Springe ich in meiner ganzen Herrlichkeit auf und küsse sie links und küsse sie rechts? Weil ich ein höflicher Araber bin? Oder wenn einer meiner syrischen Freunde hier auftaucht ... muss ich ihm dann den Schnurrbart küssen?

»Oh nein, Omar, tu das bloß nicht!«

Wer sagt das? Ist das meine innere Stimme?

Genau in dem Moment höre ich draußen Stimmen. Badeschlapfen, die immer lauter klappern. Auch das noch. Jäh purzeln mir die Bilder durcheinander. Und ich spüre, dass mein Pulsschlag sich noch weiter beschleunigt. Alena hat behauptet, die Menschen würden in die Sauna gehen, weil es ihnen guttut. Alles Blödsinn. Wenn ich hier einigermaßen heil rauskomme, bin ich ein Wrack. Nervlich völlig am Ende.

Plötzlich fällt mir mein schreibender Freund wieder ein. Ein Wort, das ich von ihm gehört habe, bis dahin aber nur im Zusammenhang mit Spitälern kannte.

Notaufnahme.

Das hängt bestimmt auch mit der Sauna zusammen, überlege ich. Jetzt weiß ich endlich, warum er bei seinem jüngsten Besuch diesen seltsamen Satz gesagt hat. Er hat unsere Wohnung betreten, ein Sechsertragerl Bier in der Hand (vier Weizenbier für ihn, zwei alkoholfreie für mich). Dann hat er mir sein Mitbringsel in die Hand gedrückt mit den Worten:

»Omar, bitte dringend in die Notaufnahme!«

Dabei hat er auf den Gefrierschrank in der Küche gedeutet. Weil das Bier handwarm war. Bestimmt, überlege ich nun, gibt es dort draußen im Spa-Bereich auch so einen Notaufnahme genannten Gefrierschrank. Bis oben angefüllt mit eiskaltem Bier.

Weil die Menschen in der Sauna reihenweise einen Kollaps erleiden und hinterher ins Spital müssen und die anderen, die heil davonkommen, rasch ein eiskaltes Bier benötigen. Zur Beruhigung, sage ich mir. Und dann, irgendwann, müssen sie auch ins Spital. Das tun sie allein schon aus Solidarität den anderen gegenüber.

Oder das Bier ist einerseits da, um die innere Hitze zu kühlen. Und andererseits, um die eiskalten Flaschen auf der Haut aufzulegen. Doppelter Nutzen. Doppelter Schaden. Ja, was weiß denn ich? Wie soll man hier auch nur einen klaren Gedanken fassen können?

In diesem Moment geht die Türe auf. Hektisch reiße ich an dem Handtuch, auf dem ich sitze. Ebenso hektisch lasse ich die Enden wieder fallen und versuche, sie so auszurichten, dass niemand etwas von meiner Hektik merkt.

Drei Frauen, alle über siebzig, betreten lachend die Sauna. Sie schlendern in meine Richtung, würdigen mich dabei aber kaum eines Blickes. Sie plaudern und lachen weiter.

Wer echtes Hammam betreibt, weiß ich als Araber, ist dort zu absolutem Stillschweigen verpflichtet. Aber das hier ist eben nicht Hammam.

Und dann, keine zwei Meter vor mir, als wäre ich sirrende Wüstenluft, durch die man einfach durchblickt, oder eine Fata Morgana, lassen alle drei vor meinen halb gesenkten Augen die Hüllen fallen. Sie nehmen Platz und – nennen wir es – sehr entspannte Posen ein. Alle drei sind das, was mein Freund »gut im Futter stehen« nennt. Mir wird schwindelig. Bin ich schon zu lange hier drinnen?

Nein. Die hübsche Lehrerin aus meiner Fantasie ist es Gott sei Dank nicht geworden. Der rachsüchtige Fleischhauer aus meiner alten Heimatstadt ebenso wenig.

Wirklich beruhigend ist die Alternative aber auch nicht.

Die Butter dieser Geschichte?

Ich weiß es nicht. Ganz ehrlich. Ich glaube, die Butter ist mir bei so viel Alkohol und Hitze unter der Hand davongeronnen.

Tradition: Fluch und Segen der lieben Familie

Kann ein Araber sich soweit integrieren (ich sage jetzt bewusst nicht: verbiegen), dass er jemals zum euphorischen Anhänger der Sauna-Kultur wird? Ich weiß nicht so recht. Dafür liebt der Araber andere Dinge über alles, aus einer tief verwurzelten Tradition heraus.

Araber lieben das Essen. Sie lieben es vor allem, mit den Fingern zu essen. Weil sie fast zu allem ihr geliebtes Fladenbrot dazu servieren. Das setzen sie wie eine Zange ein, indem sie ein Stück abbrechen, es zusammenklappen und damit aus einer großen Schüssel für alle ihre liebsten Stücke herauspicken. Vom Fleisch bis zum Couscous.

»Bei uns«, hat Alena einmal gesagt, »lernen die Kinder schon mit zwei Jahren, mit Messer und Gabel zu essen. Bei dir, Omar, dauert es wohl etwas länger.«

Ja, ich gestehe. Den Umgang mit Besteck habe ich erst hier so richtig gelernt. Irgendwas sollen die Europäer den Arabern auch voraushaben dürfen. Schließlich sind so eine Integration und wechselseitige kulturelle Befruchtung ja keine Einbahnstraße, oder?

Araber lieben das Schöne und die Ästhetik (no na, könnten Sie jetzt sagen, wer tut das nicht?), dabei über allem die Schönheit der Frauen wie auch die Schönheit der kleinen Dinge. Sie lieben verspielte Ornamentik an einer Zuckerdose zum Beispiel, oder an einer Kaffeekanne. Festzumachen ist diese Liebe fürs Schöne auch an den Fransen oder den Mustern eines nach alter Tradition geknüpften Berberteppichs. Und so weiter.

Ja, für die Ästhetik, wage ich zu behaupten, haben die Araber tatsächlich einen besonders ausgeprägten Sinn. Denken Sie nur an die fantastischen Hinterlassenschaften in punkto Architektur, die einmaligen Bauwerke, die die Mauren auf der Spanischen Halbinsel errichtet haben.

Andererseits können die Globetrotter unter Ihnen jetzt einwenden: Na ja, lieber Omar, um diesen Sinn für Ästhetik bei deinen Arabern ist es in Wirklichkeit eher traurig bestellt. Schau doch mal rein in so eine durchschnittliche Gasse oder Straße in einer durchschnittlichen arabischen Stadt. Was siehst du dort, Omar?

Ja. Ich weiß. Chaos ohne Ende. Dort türmen sich die Müllberge. Recycling und Altstoffsammelcontainer sind im arabischen Stammvokabular noch nicht restlos angekommen bei den Menschen. Die Straßen sind teils so holprig und löchrig und windschief, dass sie den Eindruck erwecken, hier könnten am Vortag noch Straßenkämpfe geherrscht haben. Was zumeist aber nicht stimmt, sehen wir von den tatsächlichen Kriegsgebieten, wie zum Beispiel in meiner alten Heimat, ab.

Ihr wahres Gesicht, ihren wahren Sinn für die Ästhetik im Alltag zeigen Araber aber erst dort, wo es ins rein

Private hineingeht. Hinter ihren eigenen vier Wänden. Wer jemals die Ehre gehabt hat, von einem Araber in sein Haus gebeten worden zu sein, weiß, was ich meine.

Mein Freund, der Journalist, (ein schon recht erfahrener Reisender in Sachen arabische Länder) hat dazu einmal gesagt: »Du fliehst vor dem Sturm der Straße – und fährst ein in einen Hafen der Ruhe und Schönheit und unaufdringlichen Eleganz. Eine Oase der Achtsamkeit.«

Hhmmhh. Ich liebe diese Beschreibung, auch wenn er sie womöglich irgendwo gestohlen hat. Schöner hätte ich es auch nicht sagen können.

Aber was meint er damit?

Ganz einfach. Hinter den Mauern hat alles seinen Platz und wird dafür auch geschätzt. Von der Einrichtung angefangen (auch wenn sie aus Kostengründen bescheiden sein mag) bis hin zu den Ritualen. Selbst das scheinbar simple Zubereiten und Servieren von Tee und ein paar Oliven werden hier zu einem kleinen Schauspiel, ohne dass es deshalb für den Besucher inszeniert wirken würde. Alles ist so, weil es eben so ist. Respektvoller Umgang mit jedem und allem ist Programm. Dafür braucht es nicht erst Gäste, denen man sich von seiner besten Seite zeigen möchte.

Hier in Österreich habe ich das schon ganz anders erlebt. Da wird die Oberfläche geglättet und aufpoliert, um die Schrammen in der Tiefe zu verbergen. Den scheinbar belanglosen Verrichtungen wird kaum Beachtung geschenkt. Vieles geschieht nebenher, die Beziehung der

Menschen zu den Dingen erscheint mir oft wie nebenher. Ähnlich empfinde ich dann auch die Beziehungen der Menschen untereinander. Kaum hat ein Besucher oder (schlimmer noch) ein lästiger Verwandter seinen Hintern zur Türe hinausgeschoben, wird auch schon über ihn geredet. Gelästert. Begleitet von ein paar Stoßgebeten zum Himmel, dass er hoffentlich nicht so bald wiederkehrt.

Respekt vor den Menschen. Respekt vor den Dingen. Respekt vor den Tätigkeiten, die zu tun sind. So klein und unbedeutend sie auch sein mögen. Und natürlich: Respekt vor der Tradition. Ja, Araber lieben die Tradition. Eine der tragenden Säulen dieser Tradition ist die Familie. Aber: Diese Säule Familie ist eine hoch komplexe und zugleich zwiespältige Angelegenheit. Einerseits bietet sie großen Rückhalt. Sie fängt alle auf, auch die, denen es nicht gut geht. Sie ist (ich habe es schon erwähnt) Sozialhilfe und Pension zugleich.

Andererseits ... ach was, bevor ich hier eine Lehrstunde in Sachen arabischer Familie abhalte, erzähle ich Ihnen doch am besten etwas aus der Praxis. Ich erzähle Ihnen die Geschichte von Herrn Kurt.

Herr Kurt ist Österreicher, und Herr Kurt hat genau damit so seine Erfahrungen gemacht: mit einer arabischen Großfamilie. In dieser Lebensgeschichte steckt so ziemlich alles drinnen, was man als Europäer dazu wissen sollte, will man das System der arabischen Familie und seine Mechanismen verstehen.

Der wahre Name von Herrn Kurt ist ein anderer, doch den zu nennen, würde niemandem dienen. Im Gegenteil. Bleiben wir also bei Herr Kurt. Als ich Herrn Kurt kennenlerne, ist die Arbeit zu diesem Buch schon sehr weit fortgeschritten. Doch nach unserem Gespräch ist mir sofort klar: Das muss mit rein. Weil es so sinnbildlich ist.

Kurt spricht mich an einem verregneten Novembernachmittag im Kunsthaus-Café in Graz an. Er ist auf dem Weg zur Toilette. Ich bin auf dem Weg zurück. Auf der Treppe, wo wir uns begegnen, fragt er auf einmal:

»Sie sind doch dieser Syrer, oder? Omar … stimmt´s?«

Erst bin ich mir nicht sicher, ob der Mann mit der fein säuberlich polierten Glatze mir an den Kragen oder mich zum Essen einladen will. Sein Gesichtsausdruck ist so nichtssagend neutral. Aber dann siegt die gestreichelte Eitelkeit, dass ich mittlerweile schon in der Öffentlichkeit erkannt werde (ab und zu wenigstens). Von Natur aus neugierig bin ich auch. Also sage ich:

»Ja. Der bin ich. Warum?«

Kurt verwickelt mich in ein Gespräch. Er erzählt mir, dass unsere Lebenswege auf gewisse Weise parallele Strecken aufweisen.

»Warum?«, frage ich.

Weil er, sagt Herr Kurt, damals in jenem Flüchtlingsheim gearbeitet habe, wo ich die ersten Wochen und Monate meiner Zeit in Österreich verbracht habe. Genau genommen war er der Leiter, er hat den Laden geworfen. Nein, es heißt ja: geschupft.

Je länger wir reden, desto aufgeregter wird Kurt. Und auf einmal holt er tief Luft und schreit mich fast schon an: »Ich hasse eure Kultur!!!«

Das hast du davon, Omar, denke ich, du und deine ewige Neugierde, und zucke instinktiv zusammen. Besser, du hättest dich nicht auf das Gespräch eingelassen. Wir sind hier ganz allein, stehen auf der Treppe zur Toilette, sozusagen zwischen Tür und Angel, eine Nicht-Fisch-und-nicht-Fleisch-Situation, wo am einen Ende des breiten Spektrums aller Möglichkeiten (so lege ich mir das in dem Moment jedenfalls zurecht) eine Ohrfeige auf mich wartet, und am anderen Ende ein gemeinsames Mittagessen, das Kurt bezahlt. Und ich auch nicht ablehne. Ich habe meine Lektionen gelernt. (Sie werden gleich davon hören).

Hüte dich vor Menschen mit der schönen Schrift

Doch es kommt, wie so oft in Österreich, anders. Schlechte Erfahrungen mit Menschen, die plötzlich ein ganz anderes Gesicht zeigen, habe ich schon zur Genüge gemacht. Ganz besonders dramatisch habe ich da die Bekanntschaft mit einem syrischen Journalisten in Erinnerung. Das war noch in Damaskus.

Ich war mit einem Freund auf einer Art Büchermesse (das lässt sich mit den riesigen Messen hier jedoch nicht vergleichen). Wir wollten uns in ein Café setzen und gemütlich eine gepflegte Shisha rauchen. Alle beide hatten wir ein Buch in der Hand. Das tat ich damals, mit knapp 19 Jahren, auch deshalb gerne, weil ich den Eindruck hatte, es würde mich bei den Menschen interessanter machen. Nun ja, vielleicht auch ein bisschen bei den Frauen. Mit einem Hund an der Leine Gassigehen, um mit Fremden ins Gespräch zu kommen, wie hier in Österreich, hat sich ja in Syrien als Mittel zur Kontaktaufnahme (nennt sich das nicht »anbandeln«?) nicht wirklich durchgesetzt.

Als mein Freund und ich das Café in der Nähe des Marjeh-Platzes betraten, fanden wir die meisten Tische unbesetzt vor. Wir wollten den nächstbesten wählen, doch die Kellnerin kam auf uns zu und sagte:

»Es tut mir leid, aber die sind alle besetzt.« Sie bot jedoch eine Alternative an. Wir könnten uns bestimmt zu dem freundlichen Mann dazusetzen, der allein am anderen Ende des Cafés saß. Wir dachten uns nichts dabei. Wenig später plauderten wir bereits mit ihm. Sie wissen ja: Ein Araber kommuniziert immer und überall. Notfalls auch auf der Herrentoilette.

Schon nach kurzem stellte sich heraus: Der Mann war Journalist. Sein Name war Galib, was so viel bedeutet wie: der Sieger. Ich war elektrisiert. Einen Journalisten lernst du vor allem in Ländern wie Syrien nicht alle Tage kennen. Ich wollte nur noch das: mit ihm in Kontakt bleiben.

Also tauschten wir unsere Daten aus. Und blieben in Kontakt. Wir trafen uns immer wieder. Immer öfter. Aber nicht mehr in dem Café nahe dem Marjeh-Platz, sondern in einem anderen. Wir tranken Tee, sprachen über Gott und die Welt und rauchten eine Shisha nach der anderen, sodass der Kellner immer wieder an unseren Tisch kommen musste, um frische Kohle für die Wasserpfeife nachzulegen.

Zu jener Zeit hatte ich auch schon begonnen, lyrische Texte zu verfassen. In Syrien kannst du mit dem Erlös aus Lyrik nicht einmal dein Kamel einen Tag lang füttern. Wenn du überhaupt eines besitzt. In Österreich ist Lyrik zwar auch das, was Alena eine brotlose Kunst nennt, aber du kannst es doch zu einigermaßen hohem Ansehen bringen. Großes Ansehen genossen die Dichter in Syrien auch irgendwann einmal – in grauen Vorzeiten. Immerhin gibt es im Koran sogar eine Sure, die so heißt: Die Dichter. Und wie in Europa auch wurden Dichter einst an den Höfen der Herrscher mit Gold teils sogar überschüttet. Oder in den Kerker geworfen, wenn ihre Werke doch nicht so gut ankamen oder der Wind sich aus anderen Gründen plötzlich gedreht hatte.

»Das gibt es heute auch noch«, sagt mein Freund, der österreichische Journalist. Nur nennt man es jetzt Hofberichterstattung.« Als ich ihn erstaunt ansehe, meint er:

»Ja, das sind jene Journalisten und Medien, die der Regierung gerne nach dem Maul schreiben.«

Ah ja. Das kommt mir bekannt vor.

Aber: Times are changing, besagt ein arabisches Sprichwort (in einer zugegeben ziemlich schlechten Übersetzung). Und so ist es da wie dort um die Einkünfte echter Dichter oder solcher, die glauben, welche zu sein, eher schlecht bestellt.

Meine ersten Texte verfasste ich bereits mit 16 während des Unterrichts in der Schule. Ich schrieb alles auf kleine Zettelchen, die ich wie einen Goldschatz hütete. Kam ein Lehrer auf mich zu, ließ ich mein neuestes Werk blitzschnell in der Lade verschwinden aus Angst, er könnte mich dafür vor allen anderen verspotten. Was das eine oder andere Mal auch tatsächlich geschah.

In Syrien sagt man zu Menschen, die gerne Dinge aufschreiben: Sie haben eine schöne Schrift. Das hat jedoch nichts mit Kalligrafie zu tun, nicht damit, dass du besonders schmuckvoll und geschwungen und darum auch besonders leserlich schreiben würdest. Nein. Es ist eine Codierung und bedeutet:

Achtung, der arbeitet für den Geheimdienst.

Erste Erfahrungen mit diesem Verdacht machte ich in meinem Job als Verkäufer von Solaranlagen. Da erwischte mich mein Chef eines Tages, als ich wieder mal ein Gedicht auf einen Zettel schrieb. Er schoss auf mich zu, packte mich am Kragen und schrie:

»Omar, sag mir die Wahrheit ... hast du eine schöne Schrift?«

Ich war zu Tode erschrocken, weil ich wusste, was das bedeutete. Menschen mit einer schönen Schrift machen über alles Notizen, was sie für wichtig befanden. Bloß, um es an die richtigen Stellen weiterzuleiten. Wurde also über jemanden in einer Gruppe gesprochen und er als einer mit der schönen Schrift bezeichnet, war das vernichtendes Urteil und Warnung an alle zugleich.

»Ich schwöre, nein«, stammelte ich.

»Lüg mich nicht an! Ich beobachte dich schon längere Zeit.«

Ich begann, am ganzen Leib zu zittern. Erst als ich ihm dieses und alle anderen Gedichte hervorgeholt und gezeigt hatte, glaubte er mir. Und dazu stellte er mich auch noch vor anderen Leuten bloß, weil er weitererzählte, dass ich Gedichte schreibe. Und die Leute begannen, mich dafür auszulachen.

Eines Tages, Galib und ich kannten uns da bereits seit Monaten, rief er mich wieder mal an: »Omar, treffen wir uns heute? Ich habe eine Überraschung für dich! Aber nicht dort, wo wir uns zuletzt immer trafen, sondern in dem Café vom ersten Mal. Beim Marjeh-Platz. Okay?«

Natürlich willigte ich ein. Eine Überraschung! Wer weiß, vielleicht wollte er mir einen Job anbieten? Als Journalist? Als ich zum vereinbarten Treffpunkt kam, saß Galib bereits an einem Tisch. Neben ihm ein zweiter

Mann. Ich kannte ihn von irgendwoher, konnte ihn aber beim besten Willen nicht zuordnen. Galib stellte mir seinen Tischnachbarn vor.

»Das ist mein Freund Bassam«, sagte Galib. Bassam steht übrigens für: der Lächelnde.

Das tat er auch. Lächeln. Und auf einmal schoss mir ein, woher ich diesen Bassam kannte. Ich kannte ihn bloß nicht in ziviler Kleidung. Er war der Kellner in dem Café, wo Galib und ich uns so oft getroffen hatten. Er war der Mann, der immer mit großer Sorgfalt die Kohle bei der Shisha austauschte, während der Journalist und ich plauderten. Und der dabei seine Ohren ganz weit aufsperrte.

Die beiden kamen gleich zur Sache. »Du bist doch einer mit der schönen Schrift, nicht wahr?«, fragte Bassam.

Bin ich das?, wollte ich schon sagen. Doch ich schwieg und sah ihn nur aus Fladenbrotaugen an. Die beiden wollten nichts anderes, als mich für den Geheimdienst rekrutieren. Vielen jungen Männern in meinem Alter – ich war gerade mal 19 – wäre das Herz in die Hose gerutscht. Vor Freude. Weil so ein Angebot neben einem vielleicht nicht berauschend hohen, doch sicheren Einkommen auch damit verbunden war: Macht. Uneingeschränkte Macht. Allein der Ausweis, der dich zum Geheimpolizisten macht, wird von vielen wie mit Gold aufgewogen. Dieser Verlockung, der absoluten und uneingeschränkten Macht über jeden zu jeder Zeit nicht zu erliegen, ist oft genug eine übermenschliche Herausforderung. Um das nachzuvollziehen, müssen wir nicht bis nach Syrien oder in andere Diktaturen blicken. Ein Blick ins Parlament in Wien genügt vollauf.

Ich war am Boden zerstört. Erstmals in meinem Leben dachte ich mir: »Omar, schreiben ist nichts als Scheiße!« Obwohl ich auf diese Weise die Chance gehabt hätte, dass mich die Menschen als einen, der die schöne Schrift hat, fürchten und bestimmt nicht mehr dafür auslachen, dass ich gerne schreibe.

Was sollte ich nur machen? Gleich hier nein zu sagen, würde bedeuten, dass sie mir sehr, sehr unangenehme Fragen stellen: »Ach ja, was ist denn so schlecht daran, seinem Land zu dienen, Omar?«, würden sie fragen. »Wenn du diese Art von Arbeit schlecht findest, findest du bestimmt auch uns schlecht. Und wenn du uns schlecht findest, findest du auch Bashar al-Assad schlecht. Warum findest du ihn schlecht, Omar?«

Solche Fragen. Und das wäre erst der Anfang.

Also beschloss ich, auf Zeit zu setzen. Ich tat so, als wäre ich prinzipiell nicht abgeneigt, erbat mir jedoch ein wenig Bedenkzeit. Immerhin sei das eine große Lebensentscheidung. Sie willigten ein. Nicht begeistert, aber doch.

Die kommenden Wochen und Monate waren der reinste Spießrutenlauf. Natürlich wechselte ich sofort die Handynummer. Sicher fühlte ich mich deshalb natürlich nicht. Auf der Straße drehte ich mich ständig um, weil ich rund um die Uhr das Gefühl nicht loswurde, dass man mich beobachtet. Immerhin kannten sie meinen Namen. Ich weiß letzten Endes nicht, warum ich ihnen entkommen bin. Vielleicht hatten sie das Interesse an mir verloren. Vielleicht (aber das ist doch eher unwahrscheinlich) hatten sie auch ein kleines bisschen Mitleid mit mir.

Ja. Es ist schon seltsam. Aber solche Erfahrungen schießen mir durch den Kopf, wenn ich auf Menschen treffe, bei denen ich mir nicht ganz sicher bin. Wie bei Herrn Kurt auf der Treppe zur Toilette des Kunsthaus-Cafés in Graz. Wie soll ich mich ihm gegenüber nun verhalten? Offen oder doch zurückhaltend?

Genau in dem Moment, wo ich mich lieber für die Flucht entschließe und im Kopf nach einer Ausrede krame, fängt Herr Kurt an zu lachen. Er sagt:

»Ich bin in eine Araberin verliebt. Herrje, herrje, was für eine Herausforderung für einen Mann aus Österreich!«

Jetzt bin ich es, der zu lachen beginnt. Kurt hat mich restlos für sich eingenommen. Ein paar Minuten später sitzen wir gemeinsam an einem Tisch. Die Geschichte, die er mir erzählt, ist folgende:

Kurts große Flamme ist Syrerin. Kurts große Flamme ist aber auch verheiratet. Mit einem Syrer. Sie haben gemeinsam ein paar (wie Kurt sagt) entzückende syrische Kinder. Damit nicht genug: Ihr Mann kam zuerst nach Österreich und holte sie und die Kinder nach.

Was daran das Problem sein soll?

Ganz einfach. Weil die Menschen in ihrem Umfeld, ihre Freunde, ihre Verwandten, die ganze Familie, dann sagen: »Er hat sie hierhergeholt. Ins Paradies. Und dann geht diese Schlampe hier fremd. Und lässt sich auch noch scheiden. Bestimmt hat sie es darauf angelegt. Das hat sie von Anfang an so geplant.«

Scheidung ist in Ländern wie Syrien keine einfache Sache. Sie ist prinzipiell schon möglich, doch die Folgen sind – vor allem für die Frau – nicht besonders angenehm. Syrische Frauen, die sich scheiden lassen, gelten prinzipiell als schlecht. Weil sie ihre Familie im Stich lassen. Damit sind nicht nur Mann und Kinder gemeint, sondern der ganze Tross, der da mit dranhängt. Sie alle üben ordentlich Druck aus. Eltern, Geschwister, Tanten, Onkeln, Cousinen und Cousins. Und so weiter.

Hinzu kommt: Während in Ländern wie Österreich und Deutschland im Falle des Falles die Kinder fast immer der Frau zugesprochen werden, ist es in Syrien genau umgekehrt. Der Mann bekommt alles. Das Haus. Und die Kinder. Nur in Ausnahmefällen läuft es anders. Theoretisch schützen auch dort Gesetze die Stellung der Frau, doch Gesetze lassen sich biegen. Stichwort: »Du musst kreativ sein!« Also stehen syrische Frauen, die nach Österreich kommen und sich hier scheiden lassen, in der Community unter Generalverdacht, dass sie sich hier richten wollen, was sie in ihrer alten Heimat nie und nimmer zugesprochen bekämen.

»In Österreich«, sagt mein Freund, der Journalist, »gibt es sogar eigene Scheidungspartys.« Wie absurd ist das denn? Und als er mir auch noch erzählt, dass es inzwischen sogar ein gut gehender Geschäftszweig ist, solche Partys zu organisieren, verstehe ich die Welt wirklich nicht mehr.

Aber ich habe für meinen Freund auch etwas auf Lager, das ihm den Atem verschlägt. Denn ich erzähle ihm, wie es für viele Araber, die hierher geflohen sind, mit der Liebe und dergleichen wirklich aussieht. Weil nämlich das Klischee, dass Araber wie stolze arabische Hengste hierher galoppieren und allen Frauen sofort die Herzen brechen, eben nur das ist:

Ein Klischee.

Die Realität vieler meiner Bekannten und Freunde sieht ganz anders aus. Sie haben Angst, in dieser fremden Kultur etwas falsch zu machen. Sie haben Angst, einen Schritt zu setzen, der in den Augen ihrer gesamten Familie in der alten Heimat ein Fehler sein könnte. Oder einfach unpassend, weil nicht der Tradition entsprechend. Sie haben außerdem Angst, auf ihren Status als Flüchtling reduziert zu werden.

Also landen viele von ihnen auf Plattformen im Internet. Wenn es gut geht, auf einer der eher seriösen. Aber die kosten gar nicht wenig Geld. Zumeist wischen sie sich dann lieber durch Tinder und Co. Links gut. Rechts schlecht. Oder ist es umgekehrt? Die allermeisten führen in dieser Hinsicht ein ziemlich einsames Leben. Zumindest, was die echte Liebe betrifft.

Auch da herrschen beträchtliche Unterschiede in der Auffassung. Allein schon, was der Satz »Ich liebe dich« betrifft. In arabischen Ländern ist es völlig normal, dass du zu einem Mädchen gehst und ihm sagst: »Ich liebe dich.« In Wirklichkeit willst du dich nur einschmeicheln und hoffst, dass am Ende ein kleiner Kuss für dich herausschaut. Das wäre oft schon das höchste der Gefühle.

Mein Freund Abdul hat bei der Psychologin, die ihn damals im Flüchtlingsheim betreut hat, genau das gemacht – in dieser (in Summe doch recht harmlosen und naiven) Absicht. Die Reaktion der Steirerin können Sie sich wahrscheinlich vorstellen.

»Ja, Omar«, sagt Alena, »weil dieser Satz für uns einer der elementaren Sätze überhaupt ist. Oft dauert es Monate in einer frischen Beziehung, bis diese Worte über die Lippen kommen. Und wir werfen damit normalerweise auch nicht herum wie mit einer Handvoll Sand. Das sagt man nicht einfach so.«

Das ist aber nur eine von vielen Lektionen, die ein Araber hier zu lernen hat. Umgekehrt haben aber auch die Europäer im Umgang mit den Arabern viel zu lernen, wenn sie sich auf eine Liebe einlassen wollen.

In Syrien, zum Beispiel, heißt es: Wenn du jemanden heiratest, heiratest du zuerst die Familie. Darum erkundigen sich Araber zuvor auch sehr genau über die Familie des möglichen Familienmitglieds. Wenn das Umfeld nicht passt, wird quergeschossen und alles getan, um diese Verbindung zu verhindern. Und im Gegenzug wird für den Fall, dass eine Familie das Umfeld für ideal hält, auch alles getan, um den Sohn mit der Tochter oder die Tochter mit dem Sohn unter ein Dach zu bringen. Egal, ob die beiden sich wirklich lieben oder nur die Familien das gerne hätten.

Ihr oder wir – wer sind nun die echten Nomaden?

Hand aufs Herz (um wieder auf Herrn Kurt zurückzukommen) – was lässt sich denn in den Dingen der Liebe schon planen? Aber versuchen Sie das einmal jemandem klar zu machen, der einer Kultur entstammt, wo die »geplante Liebe« System hat. Sprich: Wo es immer noch gang und gäbe ist, dass die Familie darüber bestimmt, wer mit wem wann und wo und warum.

Natürlich gilt das nicht für alle Ehen oder Verbindungen, die mit arabischer Beteiligung geschlossen werden. Es hängt immer auch sehr stark von der jeweiligen Sippe ab. Doch der Einfluss der Großfamilie ist so oder so enorm.

Keine arabische Familie möchte ein schlechtes Bild nach außen abgeben. Weil das im Extremfall bedeuten könnte, dass es plötzlich in der Nachbarschaft heißt: Mit denen da drüben wollen wir besser nichts mehr zu tun haben. So etwas kann richtig weite Kreise ziehen – und auf einmal sieht sich eine Familie von der ganzen Gesellschaft ins Abseits gestellt. Darum achtet sie auch penibel darauf, dass die einzelnen Mitglieder sich der Tradition entsprechend verhalten. Und genau darum werden auch die neuen »Verwandten« vor einer Hochzeit von Kopf bis Fuß überprüft.

»Auf Herz und Nieren«, sagt Alena.

Ja, das auch. Beim Kauf eines Hauses verläuft es in Syrien übrigens ziemlich ähnlich. Du kaufst immer zuerst die Nachbarn. Darum erkundigst du dich auch vor dem Kauf nach ihnen. Was sind das für Leute? Ist da Ärger zu erwarten? Welche Art von Ärger? Machen die ständig Lärm oder nicht? Und so weiter. Das kann den Wert einer Immobilie tatsächlich entscheidend beeinflussen. Hier, in Europa, gelten da bekanntlich andere Maßstäbe.

In Österreich, bei einer Frau wie Alena zum Beispiel, läuft das üblicherweise so: Ja, die einen oder anderen sehen schon ein bisschen schief drein oder tuscheln vielleicht hinter ihrem Rücken, wenn sie sich mit einem Araber einlässt. Mit einem Araber! Aber, im Großen und Ganzen kann sie doch eigenständig entscheiden. Das gilt für die Liebe. Das gilt für den Job. Das gilt für den Ort, wo sie leben möchte. Alena hat die Möglichkeit, das Schiff ihres Lebens durch alle Gewässer zu steuern. Wie es ihr gerade passt.

Apropos steuern und Lebensmittelpunkt: Das finde ich in dem Zusammenhang auch immer so lustig. Den Arabern wird so gerne nachgesagt, dass sie Nomaden seien. Dieses Bild ist in den Köpfen vieler Menschen aus dem Westen tief verankert. Sie sehen Menschen wie mich dann in irgendeinem Zelt sitzen. Oder hoch zu Kamel durch die Straßen reiten. Oder so ähnlichen Unsinn. Der Grundtenor dieser Fehleinschätzung ist jedenfalls:

Der arabische Mensch ist in seinem Wesen ein Nomade.

Dabei ist es umgekehrt. Weil es hier so abläuft: Das eine Kind studiert in Innsbruck, oder, noch besser, gleich weit weg in irgendeinem anderen Land. Weil das den Ruf der Familie hebt. Das zweite Kind jobbt in Wien, während die Oma vor den Toren von Graz ihre Pension genießt. Und der Rest der Familie, der vielleicht noch übrig bleibt, teilt sich auch von Jahr zu Jahr auf immer mehr Adressen auf.

Leute (jetzt bricht der Araber wieder aus mir heraus) – ihr wechselt weiß Gott wie oft den Wohnsitz. In Wahrheit, liebe Europäer, seid ihr die Nomaden. Und nicht wir.

Aber bleiben wir noch bei der Familie: Das Prinzip, dem sie gehorcht, nenne ich gerne so: Die Gewalt der Gruppe.

Das bedeutet, dass immer zuerst auf den Schwächeren Druck ausgeübt wird. Von oben nach unten. Die Gesellschaft übt Druck auf die Familie aus. Die Familie übt Druck auf den Einzelnen aus. Die Älteren auf die Jüngeren. Der Bruder auf die Schwester.

Dabei entsteht auch hier, im Westen, das Bild, dass dieses schwächste Glied immer nur die Frau ist. Das stimmt jedoch nicht. Bloß bleibt den Österreichern zumeist der Blick hinter die Kulissen verwehrt.

»Stimmt«, sagt Alena, und ich bin froh, dass sie das als geborene Österreicherin auch schon einige Male so erlebt hat und darum bestätigen kann. Weil auch Alena schon in die eine oder andere syrische Familie hier Einblick erhalten hat. Und was hat sie dort erlebt?

»Die Frauen haben zu Hause ein sehr strenges Regime geführt. Die waren mir in Wirklichkeit ziemlich unsympathisch. Weil sie zu Hause sitzen und darauf warten, dass der Mann alles heranschafft, wonach ihr gerade ist. Dass er ihr schöne Kleider kauft. Dass sie Schmuck bekommt. Dass er einfach alles tut, was sie will. So, wie sie es aus der alten Heimat gewohnt ist.«

Natürlich muss ich als halber Araber da schon sagen: Ja, es gibt Fälle, wo Frauen unterdrückt werden. Aber gibt es die in Österreich nicht auch? Und dann gibt es eben auch die vielen anderen Beispiele. Entscheidend ist wie immer der zweite, dritte und vierte Blick auf die Verhältnisse.

Verstöße gegen die Traditionen einer Familie haben schwerwiegende Folgen. Entweder werden die »Sünder« verstoßen – oder sie werden heimgeholt in den Schoß der Familie. Indem mächtiger Druck ausgeübt wird.

Genauso ist die Geschichte von Herrn Kurt auch verlaufen. Seine große Liebe hat sich tatsächlich durchgesetzt und mit Hilfe des österreichischen Rechts die Scheidung von dem Mann, den sie schon lange nicht mehr wollte, durchgebracht.

Was war die Folge?

Ihre in Deutschland lebende Familie hat enormen Druck aufgebaut. Weil ein arabisches Sprichwort sagt: In Syrien sitzen alle auf demselben Teppich. In anderen Worten: Die Familie bleibt zusammen, egal was geschieht. Darum hat die Frau auch letztlich nachgegeben – und lebt nun mit den Kindern bei der Verwandtschaft in Berlin.

Seitdem müssen Herr Kurt und sie eine Fernbeziehung führen und regelmäßig pendeln. Jeder dem anderen ein Stück entgegen, weil ihre Liebe natürlich nicht offiziell ist. Die Verwandtschaft der Syrerin geht selbstverständlich davon aus: Diesen Kurt, oder wie der heißt, gibt es nicht mehr. Nicht als Partner. Nicht einmal als Möglichkeit eines Partners. Also kann sie als syrische Frau nicht anders als dort sein, wo ihr Platz ist:

Bei der Familie. Punkt. Aus.

»Wissen Sie, Omar«, hat Herr Kurt zu mir gesagt, »die wissen alle, dass zwischen uns nach wie vor etwas läuft. Aber sie tun so, als gäbe es das Problem nicht.«

Und genau deshalb hat Herr Kurt gesagt: »Ich hasse eure Kultur.« Weil der Einzelne als Individuum immer hinter das Ganze der Familie zurücktreten muss. Weil er aufhört, als einzelner Mensch zu existieren. Und zwar dort, wo es beginnt, die Familie zu betreffen.

Eine Handvoll Araber im Fasching – und was es mit Weihnachten auf sich hat.

Das hier muss ich Ihnen zum Thema Tradition auch noch erzählen. Diesmal geht es aber um die lustigen Bräuche, die meine syrischen Freunde und ich erst hier kennengelernt haben. Allen voran diesen: Fasching.

Als ich das erste Mal eine circa sechzig Jahre alte Frau auf der Straße in Graz gesehen habe, die als Erdbeere verkleidet herumgelaufen ist, bin ich beinahe erstickt. Denn ich habe mir meine Mutter (sie ist ungefähr in diesem Alter) vorgestellt. Und dann die Reaktion meiner restlichen Familie.

Meinem Freund Firas ist es da wohl nicht anders ergangen. Anfangs haben er und ein paar andere sich zu Leuten auf der Straße gestellt, mit ihnen Selfies gemacht und die Menschen in ihren Kostümen verspottet. Sie haben ein sehr freundliches Gesicht aufgesetzt und auf Arabisch Dinge gesagt, die man zu Menschen in einem Land, wo man zu Hause sein möchte, besser nicht sagt.

Doch dann kam der Tag, wo das Schicksal zurückgeschlagen hat.

»Es heißt: Rache ist Blutwurst«, sagt Alena und ich habe wieder einmal keine Ahnung, was sie meint. Egal.

Jedenfalls sind auch Firas und die anderen irgendwann an dem Punkt angelangt, wo sie die Scheu vor dem Fremden zu überwinden begonnen und gemeint haben, sie müssten endlich auch anfangen, so wie ich den Weg zum gelernten Österreicher einzuschlagen.

Also haben sie sich zu Halloween im Oktober 2019 ein Herz gefasst und sich gesagt: »Okay, diesmal machen wir auch mit bei den Bräuchen der Österreicher.«

Sie sind in das nächste Kostümgeschäft gegangen und haben sich entsprechend eingedeckt. Und waren dann sehr, sehr verwundert, als auf einmal Österreicher zu ihnen herkamen und mit ihnen Selfies machten und sie auch gleich gepostet haben.

Aber warum?

Ganz einfach: Firas Verkleidung war die eines Esels, und einer seiner Freunde ging als Super-Mario. Dass Halloween aber nach einer völlig anderen Maskerade verlangt, haben sie erst durch diese Lektion gelernt.

Die Butter der Geschichte:

Traditionen sind schön. Traditionen sind schwierig. Oder wie mein Freund, der Journalist, sagt: »Traditionen sind ein Hund.« Was anderes kann er als Österreicher ja auch gar nicht sagen, oder?

An dieser Stelle ein großes PS zum Thema Tradition – weil das auch noch hierher gehört: die Tradition des Weihnachtsfestes. Immer wieder werde ich von Bekannten, Freunden, Besuchern meiner Lesungen gefragt, wie das denn so sei ... Weihnachten und arabische Länder und Christen und Muslime und Gott und Allah und überhaupt.

Die *Kleine Zeitung* in Graz hat mich im vergangenen Advent eingeladen, ein paar Zeilen rund um Weihnachten zu verfassen. Ich habe ganz einfach an meine Kindheit in Syrien zurückgedacht und zu schreiben begonnen. Das ist dabei herausgekommen – und ich möchte es Ihnen, liebe Leserinnen und Leser, nicht vorenthalten:

»MAMA, WIE LIEBT GOTT MICH?!«

»Wenn Gott dich liebt, lässt er zu, dass die Menschen dich lieben.«

Meine Mutter sagt das zu mir, nachdem sie mich überredet hat, endlich ins Bett zu gehen. Dabei mag ich nicht ins Bett gehen. Ich bin aufgeregt, denn morgen ist DAS Fest.

Heute war ein langer Tag und ich bin müde. Schlafen kann ich trotzdem nicht. Am Vormittag war ich mit meinem Onkel auf dem Markt. In unserer Familie heißt er nur »Der Onkel mit dem kurzen Atem«. Nicht weil er keine Luft bekommt. Sondern weil er immer gleich ausflippt. Bei jeder Kleinigkeit. Menschen in Syrien, die immer gleich ausflippen, haben einen kurzen Atem.

Aber heute ist es anders. Heute hat der Onkel keinen kurzen Atem. Heute lacht der Onkel die ganze Zeit. Bis es ihm einmal doch zu viel wird. Weil er auf dem Markt einen Verkäufer trifft, bei dem er letztes Jahr Baklava gekauft hat. Und da fällt ihm ein, wie das letztes Jahr war. Da hat er nach dem Einkauf jemanden getroffen, der auch Baklava bei diesem Verkäufer gekauft hat. Und um 4 Lira (ca. 10 Cent) weniger bezahlt hat. Mein Onkel erinnert sich noch genau daran. Er stellt den Verkäufer zur Rede. Geht es ihm wirklich nur um die 4 Lira? Nein, lerne ich. Es geht ihm darum, dass jemand anderer besser verhandelt hat als er. Gut verhandeln ist in Syrien Ehrensache.

»Jetzt ist die Heilige Zeit«, sage ich zu meinem Onkel. Ich möchte ihn beruhigen, und das ist ziemlich mutig von mir, denn es kann ihn nur noch mehr verärgern. Überraschenderweise reagiert mein Onkel so: Er kauft Tamarinde für mich. Ich liebe dieses zuckersüße Getränk aus indischen Datteln. Alle Kinder lieben es.

Draußen vor dem Markt verabschiede ich mich vom Onkel und gehe direkt zum Bäcker, um dort zu reservieren.

Reservieren?

Ja. In Damaskus funktioniert das so: Du kommst zum Bäcker, dort steht ein Tisch. Und auf dem Tisch liegt eine Reihe von Gegenständen. Persönliche Dinge. Schlüssel zum Beispiel. Oder auch ein Ausweis. Und neben den Gegenständen liegt ein Geldbetrag.

Diese Gegenstände stellen sich für ihre Besitzer an. Auch ich lege meinen Schlüssel ans Ende der Reihe, lege das Geld für das Brot daneben und gehe wieder.

Während mein Schlüssel in der Schlange wartet, gehe ich zum Frisör, um mich für den Abend anzumelden. Dann hole ich das Brot und gehe weiter zu meiner Oma.

Oma sagt zu mir: »Du bekommst dein Geschenk morgen.«

Jetzt bin ich richtig aufgeregt, denn ich hoffe, wie jedes Jahr, dass ich diesmal wieder mehr Geld bekomme als im Jahr davor. Die Höhe des Betrages hat mit meiner Entwicklung zu tun, also mit meinem Alter. Je älter du bist, je mehr Geld bekommst du (ein paar Jahre später werde ich an diesem Tag sehr enttäuscht sein. Ich werde den ganzen Tag warten und sitzen und warten – und nichts bekommen. »Du bist jetzt schon zu alt dafür«, wird meine Oma dann sagen. »Du bist jetzt erwachsen.«)

Aber heute noch nicht. Heute bin ich noch ein Kind. Später, beim Frisör, als ich an der Reihe bin, ist es richtig spannend. Beim Frisör treffen sich alle Männer. Sie lassen sich für DAS Fest vorbereiten. Wenn die Männer bei der Türe hereinkommen, haben sie lange Bärte und Haare, die ganz durcheinander sind.

Der Friseur ist mehr ein Zauberer und Erzähler als ein Haareschneider. Denn, wenn die Männer wieder gehen, sind sie neue Menschen. Rasur, Haarschnitt, Styling, Gesichtsmaske, Pflege etc. Der Frisör verwandelt die Menschen. Er verzaubert sie.

Ich vermute, dass Friseurinnen auch zaubern können. Sie beherrschen dieselbe Kunst. Denn zu Hause erkenne ich meine Tante fast nicht. Oder hat mein Onkel eine neue Frau?

Wäre ich damals schon Europäer gewesen, hätte ich vielleicht gedacht: »Typisch, er hat eine zweite Frau geheiratet.«

Kunst, werde ich eines Tages begreifen (wenn ich von der Oma kein Geld mehr bekomme, wenn ich also erwachsen bin), ist alles, was die Menschen zueinander bringt. Auch das Weihnachtsfest wirkt auf mich wie ein Stück Kunst. Eine faszinierende Kunst. Hat Gott dieses Fest geschaffen? Oder war es die Vorstellung der Menschen? Ich weiß es nicht genau.

Am Abend, wieder zu Hause, folgt für uns Kinder das »große Bad-Ritual«. Dabei muss der ganze Körper ganz sauber geschrubbt werden. Von oben bis unten und mit dem Waschlappen. Ich weiß: Das muss lange dauern. Bin ich zu schnell, schimpft meine Mutter. Weil sie weiß, dass ich mich nur irgendwie gesäubert und geduscht habe.

Nach dem Bad bringt meine Mutter mich ins Bett. Ich schlafe fast ein. Aber dann öffne ich doch noch die Augen. Ich muss meine Mutter unbedingt etwas fragen und laufe in ihr Zimmer. Sie schläft schon. Deshalb muss ich meine Frage auf morgen verschieben. Diese Frage:

»MAMA, WIE LIEBT GOTT MICH?«

Die Schreie meines Sohnes Naël wecken mich. Ob die Zeit heilig ist oder nicht, ist ihm egal. Wenn er aufstehen will, schreit er. Geschrien (oder besser: gerufen) wird auch in der Küche: »Yalla, Omar! Yalla! Wir haben viel zu erledigen.« Das ist Alena, meine österreichische Frau.

Ich nehme Naël in den Arm und mache gleich das Türchen von meinem Adventkalender auf. Danach gehen wir zusammen zum Markt, um einen Christbaum auszusuchen. Ich mache es wie mein Onkel damals mit mir und will gleich zu einem bestimmten Händler gehen.

»Warum?«, fragt Alena.

Weil wir den Baum dort voriges Jahr billiger bekommen haben. Heuer gefällt mir kein einziger seiner Bäume. »In Damaskus sind sie sicher schöner, oder?«, flüstert mir Alena ins Ohr.

Ich schaue sie sehr ernst an und sage: »Ja, echt. Wirklich!«

Alena lacht laut. Sie hat sich noch nicht daran gewöhnt, dass ich immer alles mit Damaskus vergleiche. Sie glaubt, ich denke, dass dort alles besser ist. Schöner. Leckerer. Und so weiter. Vielleicht macht ja auch nur die Sehnsucht nach dem, was vorbei ist, alles schöner.

In Wahrheit habe ich in Damaskus noch nie einen Christbaum gekauft. Als Kind kannte ich Christbäume nur vom Fenster unserer Nachbarn. Und natürlich aus dem Fernsehen.

Als ich in Österreich ankam, fragten mich Menschen immer: »Feiert ihr in Syrien Weihnachten?« Ich empfinde diese Frage als sehr merkwürdig, denn die Leute wissen nicht, dass Damaskus im Jahr fünf große Feste feiert: Zuckerfest, Opferfest und Ostern. Und zweimal Weihnachten. Einmal orthodox. Einmal katholisch.

Wir finden dann doch noch einen Christbaum. Und am Abend gehen wir zusammen zur Familie meiner Frau. Dort warten schon ihre Eltern und Geschwister. Und Oma, Opa und Tante. Natürlich stellt jemand (die Oma) wieder die Frage:

»Feiert ihr in Syrien Weihnachten?«

Wir setzen uns zum Tisch und reden und essen Fondue. Sie haben extra verschiedene Fleischsorten OHNE Schwein vorbereitet. Weil sie einen Moslem am Tisch haben. Als ich es bemerke, fehlt mir in genau diesem Moment meine Familie sehr. Und die Zeit mit ihnen.

Bei all diesen Festen, egal ob christlich, muslimisch oder ohne religiösen Hintergrund, kann ich diese Freude in der Luft spüren. Die vielen Lichter auf der Straße. Die vielen Menschen. Die vielen lächelnden Gesichter. Die vielen Glückwünsche. Familien treffen sich. Man isst zusammen. Dazu die Kekse und Geschenke. Alles Dinge, die die Menschen zueinander bringen.

Ich liebe es sehr, Weihnachten zu feiern. Ich liebe es, das alles zu erleben, zu schenken und selbst beschenkt zu werden. Ich liebe es, auf dem Adventmarkt Freunde zu treffen und mit ihnen anzustoßen. Sie mit dem Alkohol in der Hand. Ich mit dem Kinderpunsch. Die Liebe rund um das Fest spüren. Das mag ich besonders.

Am Abend, bevor ich Naël ins Bett bringe, fällt mir mein Onkel mit dem kurzen Atem wieder ein. In Syrien ist es wichtig, dass man das Fest erst feiert, wenn man sich mit allen Menschen versöhnt hat. Mit allen. Deshalb geht mein Onkel vor dem Fest noch einmal zum Markt. Er will sich mit dem Verkäufer versöhnen und die 4 Lira vergessen.

Als Naël schon im Bett liegt und mich ansieht, sage ich zu ihm: »Wenn Gott dich liebt, lässt er die Menschen dich lieben.« Die Worte, die meine Mutter auch zu mir gesagt hat. Naëls syrische Oma.

Und ich habe sie gefragt: »Aber Mama, wie liebt Gott mich?«

Und Mama hat gesagt: »Indem du die Menschen liebst.«

FROHE WEIHNACHTEN!

Klischee oder Wahrheit: Wissen Sie es?

Wie viel Araber bin ich nun wirklich noch – nach mehr als fünf Jahren im schönen Nemsa? Und wie viel in mir ist bereits ein echter Nemsawi? Wie sieht es mit den gängigsten Klischees aus, die sich über alle Zeiten hinweg zu halten scheinen, die hartnäckiger sind als der schlimmste Fußpilz?

Gehen wir doch gleich mal in die Vollen, wie man so sagt. Fangen wir bei den Drogen an:

Mit dem Haschischrauchen (wenn sie es überhaupt tun) haben die meisten Syrer, die ich hier kenne, auch erst hier angefangen. Dass Shisha nur ein Synonym für Drogen ist, ist derselbe Blödsinn wie zu behaupten, Alkohol wäre völlig harmlos. Ich kenne überhaupt nur einen, der in seiner Shisha Marihuana geraucht hat. Und das ist mein Freund, der Journalist.

Er behauptet ja, es erst Zug um Zug bemerkt zu haben. Nach einem mehrwöchigen Marsch durch die Sahara sei das gewesen, wie er erzählt hat. Weil man ihm eine »good Shisha« angeboten und er gedacht hat: Mmhhmm, ja, good wäre das jetzt schon, so eine Shisha, ohne zu wissen, was er bekommt. Nach den ersten paar Zügen, meinte er, hätte es ihm fast die Socken ausgezogen. Hätte er nur welche angehabt (hier stimmt der Konjunktiv).

Vier Frauen hat kein einziger Araber in meinem Umfeld, die meisten haben ja nicht mal eine (ich habe Ihnen davon erzählt). Bauchtanz kann keine der syrischen Frauen, die mein Leben bisher begleitet haben.

Fällt Ihnen noch etwas ein, was »wir« Araber von früh bis spät an befremdlichen Dingen tun?

Ach ja, angeblich spucken wir gerne auf offener Straße aus, nicht ohne vorher sehr seltsame und sehr laute Geräusche im Nasen- und Rachenraum zu erzeugen. Das klingt dann, als würden wir an einem irrtümlich verschluckten Schlauch der Wasserpfeife ersticken. Weil dieses Aufziehen und Ausspucken angeblich reinigend sein soll. Mir wird ganz übel, wenn ich nur daran denke. In echt begegnet ist mir dieses »arabische Ritual« zum Glück noch nie. Weder dort noch hier. Dafür das Heben des rechten Beines. Sie wissen schon.

Nein, weder Kopftuch noch Schleier der Frau sind prinzipielle Zwangsmaßnahmen, und sie müssen auch nicht ausnahmslos schwarz sein. Das können die in den einschlägigen Medien noch so oft schreiben.

Ja, Männer und Frauen beten in der Moschee getrennt. Das hat aber nichts mit der Unterdrückung der Frau zu tun, sondern vor allem damit, dass der Mann sich auf seine reinen Gedanken an Allah konzentrieren und nicht auf unreine Gedanken verfallen soll, bloß weil vor ihm eine Frau kniet und er gar nicht anders kann, als auf ihr Hinterteil zu starren.

Männer und Frauen aus arabischen Ländern, heißt es weiter, heiraten am liebsten im engen Verwandtenkreis. Ist das so?

Jeder Fünfte weltweit, haben Schätzungen ergeben, bevorzugt tatsächlich die so genannte Verwandtenheirat. Jeder Zehnte soll mit Cousin/Cousine zweiten Grades verheiratet sein oder einer solchen Beziehung entstammen. In der Türkei soll überhaupt fast ein Drittel aller Ehen zwischen mehr oder weniger engen Blutsverwandten geschlossen werden, heißt es. Und noch schlimmer soll es im Oman sein.

Der Islam jedoch spricht ein striktes Inzestverbot aus. Das erstreckt sich auch auf die Ehe und die sogenannte Milchverwandtschaft (also auf Kinder, die von derselben Amme gesäugt wurden). So heißt es in der vierten Sure an-Nisā' (Vers 23):

»*Verboten (zu heiraten) sind euch eure Mütter, eure Töchter, eure Schwestern, eure Tanten väterlicherseits oder mütterlicherseits, die Nichten, eure Nährmütter, eure Nährschwestern, die Mütter eurer Frauen, eure Stieftöchter, die sich im Schoß eurer Familie befinden (und) von (denen von) euren Frauen (stammen), zu denen ihr (bereits) eingegangen seid, – wenn ihr zu ihnen noch nicht eingegangen seid, ist es für euch keine Sünde (solche Stieftöchter zu heiraten) – und (verboten sind euch) die Ehefrauen eurer leiblichen Söhne. Auch (ist es euch verboten) zwei Schwestern zusam-*

men (zur Frau) zu haben, abgesehen von dem, was (in dieser Hinsicht) bereits geschehen ist. Allah ist barmherzig und bereit zu vergeben.«

Und dann lese ich über mich und meinesgleichen noch: »Vorsicht mit dem Wort Nein!« Man solle, heißt es in einem Beitrag, der sich »Reiseknigge für arabische Länder« nennt, mit einem Nein besonders behutsam umgehen. Wie mit Safran oder einem anderen kostbaren Gewürz. Weil eine Diskussion zwischen oder mit Arabern immer demselben Ritual folge. Weil ein Thema zuerst nur vage angesprochen und vorsichtig von allen Seiten eingekreist werden müsse wie eine Herde scheuer Gazellen von einem Rudel hungriger Löwen. Oder ein ausgebüxtes Kamel von seinem Treiber. Und weil bei diesem Einkreisen ein plötzliches Nein oder Kritik unter mehr als vier Augen eine ähnlich abschreckende Wirkung erzeugen würde wie lautes Magenknurren (oder das Gebrüll des ungeduldigen Löwenpapas, der sich an der Jagd ja gar nicht beteiligt). Weil durch so ein unbedachtes Nein ein möglicher Konsens beim Teufel sei.

Ich weiß nicht so recht. Aber: Ja. Zum Nein fällt mir tatsächlich etwas ein. Nicht jedoch das mit dem Konsens. Nein. Es geht wieder mal ums Essen.

Nämlich: Wird ein Araber gefragt, ob er etwas essen möchte, sagt er natürlich erstmal nein. Schon aus Höflichkeit. Dabei meint er natürlich ja. Was denn sonst. Weil er Hunger hat.

So ein Gespräch läuft ab wie auf dem Bazar, ein bisschen wie im Film *Das Leben des Brian*, wo Brian auf der Flucht vor den Römern ist, auf dem Markt einen falschen Bart kaufen will und sofort bereit ist, den verlangten (viel zu hohen) Preis zu bezahlen. Worauf der Händler ihn entsetzt ansieht und ruft: »Nein, so geht das nicht. Du musst feilschen.«

Ähnlich ist es beim Essen. Kaum bist du bei deinem Freund über die Türschwelle getreten, fragt er:

»Omar, magst du was essen?«

»Ach, nein«, sage ich. »Danke. Muss nicht sein.«

»Okay. Aber was willst du essen?«

»Ich glaube, ich mag nichts, danke.«

»Ja, ich weiß. Aber WAS willst du essen?«

»Ich mag wirklich nichts, danke.«

»Gut. Und wann essen wir dann?«

Das geht gefühlt zehnmal hin und her. Bis ich endlich sage: »Okay. Essen wir etwas. Jetzt.« Nichts anderes hatte ich in Wirklichkeit vor. Weil ich mit einem Riesenhunger hingekommen bin. Und weil der Ausgang so eines Gesprächs von Anfang an klar ist und alle das wissen.

In Österreich habe ich da die ersten Male so richtig große Fladenbrotaugen gemacht. Da war ich bei einheimischen Bekannten oder Freunden zu Besuch. Eher spontan und nicht ewig vorher (natürlich mit Termin!) ausgemacht.

Dann die höfliche Frage des Gastgebers: »Omar, magst du was essen?«

»Ach, ich glaube nicht, danke.«

»Okay, dann nicht.«

Glauben Sie, da hätte jemand wenigstens ein zweites Mal gefragt?

Ich war wirklich sehr irritiert. Außerdem den ganzen Abend hungrig wie eine syrische Schabrackenhyäne. Gibt es die überhaupt in Syrien? Ähnliches wie beim Essen oder doch nicht Essen gilt übrigens beim Zahlen der gemeinsamen Rechnung. Das musste ich ebenfalls erst in bitteren Momenten lernen. Wenn mein Gegenüber sagt:

»Ach, der eine Kaffee und das Stück Torte. Komm schon, Omar, ich lade dich ein.«

Und ich antworte, ganz Ritual: »Nein, danke.«

Daraufhin mein Gegenüber: »Okay, dann eben nicht.«

Das ist mir mehr als einmal widerfahren und hat mich in Summe eine Stange Geld gekostet. Und selbst wenn unter Arabern am Ende jeder für sich bezahlen sollte (was wirklich selten vorkommt), so nimmt der eine das Gefühl mit, dass er es dem Freund reinen Herzens angeboten und der andere, dass der andere es ehrlich gemeint hat.

Die Geste macht die Stimmung, sagt ein arabisches Sprichwort.

»Nein«, sagt Alena. »Es heißt: Der Ton macht die Musik.«

Tja. Mittlerweile bin ich soweit hier angekommen, dass ich ein Nein meines Gegenübers auch bereits ziemlich ernst nehme. Meine syrischen Freunde nehmen mir das wiederum ziemlich übel. Wer rechnet denn damit?

War's das?

Beinahe. Weil es da noch dieses wunderbare Video zum Thema Klischee gibt, das in Kreisen arabischsprachiger Menschen ein echter Renner ist. Auf Deutsch existiert es nicht, nur auf Arabisch. Es zeigt auf sehr humorvolle Weise, wie Menschen aus arabischen Ländern einerseits hier in Europa ankommen, nach kurzer Zeit fast schon die besseren Europäer sind (in diesem Fall ein Deutscher) – und wie sie nun in ihrer alten Heimat wahrgenommen werden.

Hier die wichtigsten Szenen:

Ein nach Deutschland ausgewanderter Syrer (nennen wir ihn der Einfachheit halber Omar, den Namen kennen Sie ja schon) kommt nach acht Monaten erstmals wieder in die alte Heimat. Omar marschiert durch die Gassen von Damaskus, trifft einen Nachbarn. Natürlich umarmt ihn dieser, küsst ihn links und rechts und links und rechts und so weiter.

Erstmals schiefe Blicke. Als derselbe Nachbar ihm auch noch mit dem Gepäck helfen will, wird Omar zum ersten Mal unhöflich. »Nein!«, ruft er. »Lass nur. Ich mache das selbst.«

Omar hat auch seinen Hund mitgebracht. Mit ihm sehen wir ihn wenig später Gassigehen.

Stopp.
An dieser Stelle muss ich kurz unterbrechen und noch einmal zu Bobtail Maurino zurückkehren. In Memoriam sozusagen. Weil es rund um Maurino noch eine allerletzte Geschichte gibt, die mich als nach wie vor halben Araber sehr irritiert und erheitert, als nun schon halben Österreicher aber auch sehr berührt.

Sein Name ist René. René ist seit vielen Jahren der Nachbar von Alenas Mama Ruth. Gartentor an Gartentor leben sie. René ist seit jeher, sagt Ruth, ein eher spezieller Typ Mensch. Und als ich ihn eines Tages bei Ruth persönlich kennenlernte, war ich ziemlich irritiert. René saß bei ihr im Wohnzimmer und trug eine Schutzmaske. Ob ich wollte oder nicht, es erinnerte mich an die Giftgasangriffe in meiner alten Heimat, die Diktator Assad gegen das eigene Volk fliegen ließ.

Aber wie kam es dazu, dass Nachbar René so bei Ruth saß?

Dazu müssen Sie wissen: René mag weder Inländer, noch Ausländer. Mit Lebewesen an sich hat er es im Allgemeinen nicht so. Darum schneidet er Pflanzen auch am liebsten ab, bevor sie zu sehr in sein Leben wuchern. Er staubsaugt seinen Garten, weil ihn die Blätter in der Wiese stören. Und von Tieren fühlt er sich auch eher belästigt.

Bobtail Maurino ist bekanntlich auch ein Tier.

René hat auch sonst allerlei Eigenheiten. Den Boden lässt er alle zwei Jahre neu verlegen. Die Fenster sind dreifach verglast und gegen Insekten gesichert. Er tut überhaupt alles, damit sich kein Staubkorn in seine vier Wände verirrt.

Natürlich ist René gegen jede Art von Tierhaaren allergisch. Ja, er ekelt sich auch davor.

Als Ruth ihm seinerzeit (da war ich noch in Syrien) erzählt hatte, sie würde sich einen Hund nehmen, war René als ihr direkter Nachbar natürlich skeptisch. Also errichtete er einen Zaun zwischen den bis dahin offen daliegenden Grundstücken. Der Zaun hatte allerdings auch ein kleines Türchen.

Dann zog Maurino bei Ruth ein. Und dann geschah es: René verliebte sich. In Maurino.

Anfangs verlief Renés heimliche Liebe zu Maurino so: War er der Meinung, dass Ruth in der Arbeit im Krankenhaus sei, schlich er heimlich durch das Gartentürchen hinüber. Und holte Maurino zu sich in den Garten. Das ließ sich natürlich nicht auf Dauer so beibehalten. Denn irgendwann (wie es in der Liebe eben so ist) war die Sehnsucht so groß, dass er Maurino auch zu sich holte, wenn Ruth zu Hause war.

René ist auch ein Sonnenanbeter. Also sitzt er im Sommer stundenlang in seinem Garten im Liegestuhl in der prallen Sonne. Dazu gönnt er sich, was man in der Steiermark eine Mischung nennt. Einen weißen Spritzer, mit wenig Wein und viel Mineral. Mit Eiswürfeln.

Renés Liebe zu Maurino wuchs und wuchs. Maurino lag den ganzen Sommer neben ihm, und René hatte den Drang, den Bobtail ständig zu berühren. Und der Bobtail hatte seinerseits das gleiche Bedürfnis nach Körperkontakt.

Also lagen alle beide in der Sonne und schwitzten. Irgendwann begann Maurino zu schnaufen. Kein Wunder. Sein dichtes Fell und dazu die Hitze.

»Geh in den Schatten, Maurino«, hörte Ruth René immer wieder sagen. Solange, bis Maurino (kurz vor dem Hyperventilieren) tatsächlich seinen Körper in den Schatten trollte. Bald lagen sie alle beide im Schatten. Körper an Körper. Kopf an Kopf. Bis es René zu kühl wurde, er in die Sonne wechselte und Maurino ihm nachfolgte. Bald darauf ging es für beide wieder zurück in den Schatten.

So ging das den ganzen Sommer lang. René mit seiner weißen Mischung in der Hand. Und Maurino zu seinen Pfoten mit derselben Art von Glas, in dem René seinen Spritzer trank. Auch mit Eiswürfeln. Aber ohne Wein, versteht sich. Immer wieder streichelte René Maurino zärtlich den Kopf, und dann (Ruth hat es selbst gehört) sagte er schließlich:

»Maurino, du bist der einzige Mensch, der mich wirklich versteht.«

Das eindeutig größte Problem in der Beziehung zwischen René und Maurino war der Winter. Weil sich an

Renés Empfindlichkeiten nichts geändert hatte. Immer noch litt er unter einer akuten Hundehaarallergie. Darum die Schutzmaske vor dem Gesicht, wenn er bei Ruth auf der Couch saß.

Darüber hinaus benötigte René auch Medikamente, um den Kontakt mit Maurino körperlich einigermaßen zu ertragen. Er ging sogar eigens zu einer Homöopathin, um möglichst nahe bei Maurino sein zu können. René tat wirklich alles und noch mehr für die für ihn so glücklichen Stunden mit Ruths Bobtail.

»Für mich würde er nicht mal die Hälfte davon tun«, sagte Renés Frau eines Tages zu Ruth.

Und dann trat ich, der Araber, auf den Plan. Natürlich war es mir unbegreiflich, was da geschah: Wie konnte jemand sein Leben riskieren (wegen der Atemnotanfälle und so), um den Hund der Nachbarin zu streicheln? Obwohl er doch wusste, was es mit ihm machte? Obwohl er doch Lebewesen an sich gar nicht mochte?

Ich ging zu Alena, nahm sie in den Arm und sagte: »Alena, erklärst du es mir bitte?«

Alena und Ruth fanden Renés Verhalten gar nicht abwegig.

Eines Tages wollte Maurino René besuchen. Doch das Gartentürchen war verschlossen. Maurino sprang daran hoch und klemmte sich die Pfote ein. Eine Stunde später war das Türchen verschwunden, wenig später ein neues, absolut verletzungssicheres montiert.

René teilte auch sein Essen mit Maurino. Aber nur, wenn er etwas Besonderes anzubieten hatte. Da behielt er jedes Mal ein schönes Stück für Maurino auf. Manchmal hatte er Sorge, wir (Alena, Ruth oder ich) könnten Maurino seinen Anteil wegessen. Oder wegfressen. Je nachdem. Doch wir konnten ihn schließlich beruhigen.

Verständnis, dass Maurino lieber doch keinen Alkohol trank, hatte René voll und ganz. Bei mir hingegen schüttelte er immer nur ungläubig den Kopf.

Und dann kam der schwere Tag, als Maurinos letzter Gang bevorstand. Natürlich wusste auch René (wie Alena und Ruth), dass daran kein Weg vorbeiführen konnte. Weil Hunde ein menschliches Recht auf Sterbehilfe haben. Oder die Menschen den Hunden dieses Recht zusprechen und es auch gleich für sie exekutieren. Wobei ich ganz klar sagen muss, damit das nicht falsch rüberkommt: Ich persönlich bin gegen jede Art von Sterbehilfe. Doch das muss wirklich jeder Mensch mit sich selbst ausmachen.

Wie auch immer: Als Maurino nicht mehr war, war auch René von der Bildfläche verschwunden. Lange Zeit ließ er sich nicht mehr blicken. Bis er eines Tages wieder auftauchte und mich und fünf meiner Landsleute (alle allein schon vom Aussehen her so richtige Araber) zu unser aller Überraschung einlud. Zu sich in den Garten. Zum Grillen.

Er hat es uns gegenüber nie begründet, doch ich habe einen sehr starken Verdacht, warum René das tat: Weil auch wir, wie er wusste, Freunde von Maurino waren. Und noch heute treten René die Tränen in die Augen, wenn von Maurino die Rede ist.

Maurino, der Hund?

»Nein«, sagt dann René und seufzt, »Maurino war kein Hund. Maurino war ... ach, Maurino war einfach Maurino.«

Aber jetzt rasch weiter mit dem arabischen Video:

Wir sehen also Heimkehrer Omar beim Gassigehen. Kinder laufen hinter ihm her, jubeln, weil sie den Vierbeiner entdecken und bewerfen ihn zur Begrüßung gleich mal mit Steinen. Weil man das hier so macht. Schließlich ist der Hund im Sinne des Islam unrein, und die Menschen fürchten sich vor den Straßenhunden, weil sie wildlebend sind und Menschen gegenüber oft aggressiv (genau darum bin ich auch mit einer Hundephobie nach Österreich gekommen – und lernte hier Maurino kennen).

Omar schimpft natürlich wüst drauflos und verteidigt seinen Gefährten.

Schnitt. Im Haus bei Omars Familie. Omar ist nun schon einige Zeit zu Hause. Wir sehen Mutter und Vater (beide um die sechzig Jahre alt), Sohn Omar und seine Schwester (wir nennen sie Aisha). Alle vier stehen im Innenhof.

Mutter und Tochter stehen mit verschränkten Armen da, während Omar und der Vater einen alten großen Teppich mit der Hand schrubben. Chefin ist natürlich die Mutter, sie überwacht die Säuberung mit strengem Blick. Immer wieder ermahnt sie vor allem ihren Mann, gründlicher und schneller zu arbeiten.

Omar: »Ja, Papa. Sie hat recht. Putz nur! Du musst besser putzen!«

Aisha: »Ich würde ja gerne helfen ... aber: Ich habe jetzt gleich meinen Deutschkurs. Danach Englischkurs. Dann Tanzkurs. Ja, in die Musikschule muss ich auch noch. Und danach mache ich Sport.«

»Waaas?!?«, schreit der Vater. »Sport?!? Willst du mit einem Pyjama auf der Straße herumlaufen und Sport machen? Aisha, nein, das ist ayp!«

(Anmerkung: Ayp ist im Arabischen so etwas wie haram. Also, böse, verboten. Bloß, dass haram für ein religiöses Verbot steht, ayp dagegen für ein gesellschaftliches).

Vater und Sohn diskutieren heftig.

»Was heißt da ayp?«, fragt Omar. »Das ist völlig normal. In Deutschland machen alle Sport! Kleine Kinder, ältere Menschen, alle. Sogar solche, die in deinem Alter sind, Papa!«

»Spinnst du?!?«, schreit der Vater. Er hat fast Schaum vor dem Mund. »Willst du etwa, dass ich in meinem Alter Sport mache? Was würden die Menschen über mich sagen? Ist es nicht schon genug, dass ich wegen dir putzen muss? Dass ich koche, den Abwasch mache ... und jetzt auch noch Bewegung?«

Die Mutter geht dazwischen: »Dein Vater hat recht. Stell dir vor: Wenn er Sport macht, muss ich es auch tun.«

Der Vater rastet völlig aus.

Omar: »Genau das ist das Problem. Weil ihr an die anderen Leute denkt und nicht an euch selbst. Was soll's. Ihr macht nichts Verbotenes. Ihr stehlt nicht. Ihr tut niemandem weh. Ihr macht einfach nur ... Sport! Vergiss die Leute! Wenn du mit nach Deutschland kommst, zeige ich dir die Mutter meines Freundes Stefan. Sie macht jeden Tag Sport. Und sie ist bereits achtzig!«

»Raus mit dir!«, schreit Omars Vater. »Ich sch ... auf dich! Und auf Deutschland gleich dazu! Und putzen werde ich auch nicht mehr.« Er beginnt zu jammern. »Seit er zurück ist aus Deutschland, versucht er nur, unser Leben durcheinanderzubringen. Dafür habe ich sechzig Jahre alt werden müssen – dass er mich zum Putzen bringt, zum Waschen. Und zum Sport! Ja, mein Sohn pfeift auf seinen Vater. Das ist die Wahrheit. Früher habe ich Deutschland geliebt, aber jetzt? Ich hasse es!«

Omar: »Wenn die Menschen in Deutschland anderer Meinung sind, schreien sie nicht gleich drauflos. Sie setzen sich zusammen hin und reden darüber.«

»Dein Vater hat wirklich recht«, sagt die Mutter. »Kaum bist du zurück, zerstörst du unser Leben.«

Aisha: »Ich finde, unser Leben hat sich entscheidend verbessert. Das Essen steht auf einmal pünktlich auf dem Tisch. Auch sonst ist alles in Ordnung.«

Omar nimmt die Schwester zur Seite. »Du wirst sehen … sie gewöhnen sich daran.«

Schnitt.

Es klopft. »Habt ihr eine Verabredung?«, fragt Omar. Die Mutter sieht ihn mit dem Ausdruck einer üblen Vorahnung an. »Nein. Aber schwöre, dass du aufmachst und die Leute hereinlässt. Schwöre es! Egal, wer es ist, ja?«

Omar nickt widerwillig, öffnet. Wenig später stehen Onkel und Tante im Innenhof.

»Ach, ihr wascht?«, ruft die Tante. »Wenn ich das gewusst hätte … ich wäre sofort gekommen und hätte geholfen!«

»Liebe Tante«, sagt Omar kühl. »Hätten wir euch gebraucht, hätten wir euch gerufen. Warum kommt ihr überhaupt daher? Einfach so, ohne Termin?«

Onkel und Tante, Mutter und Vater starren einander entsetzt an.

Omar lässt nicht locker, setzt noch eines drauf: »Wir hätten auch nicht zu Hause sein können. Wir hätten auch etwas Besseres zu tun haben können. Meint ihr nicht?«

Nun ist es der Onkel, der ausflippt: »DAS IST DAS HAUS MEINES BRUDERS UND NICHT DAS EINES FREMDEN!!! Hier soll ich mir einen Termin ausmachen?«

Die Mutter will die Lage beruhigen, schickt Aisha Kaffee kochen.

»Wenn das hier mein Haus wäre«, schnaubt der Onkel, »nein, das wäre das Ende!«

Fluchtartig verlassen sie das Haus. Auch die Beteuerungen der Mutter, die ihnen auf die Straße nachläuft, helfen nicht.

»Ich bitte euch!«, ruft sie, »Ihr müsst das verstehen. Der schlechte Einfluss. Acht Monate Deutschland ...«

»Gut, dass er nicht seit zehn Jahren dort lebt!«, ruft der Onkel. Und weg sind alle beide.

Omar hingegen nimmt es gelassen. Wenig später trifft er einen alten Jugendfreund. Als der während der Fahrt eine leere Pepsi-Dose zum Fenster rauswirft, kommt es erstmals zum Streit.

»Nicht rauswerfen? Ja was denn sonst?«, fragt der Freund überrascht.

»In Deutschland habe ich für solche Fälle immer ein Sackerl im Auto«, entgegnet Omar. »Andernfalls kommt die Polizei. Gut möglich, dass sie dich verhaften.«

Wenig später fahren sie an einem Mann vorbei, der das Haus verlässt und seinen Müll an einer Stelle ablädt, wo eine Tafel mit einem Schild steht mit der Aufschrift: Müll. Container ist keiner zu sehen. Natürlich kommt es auch hier zu einem heftigen Streit. Die Aufforderung, es wie in Deutschland zu machen und den Müll feinsäuberlich zu trennen, beantwortet der Einheimische auf seine Weise:

»Wenn ich dich noch einmal in dieser Gasse sehe, setzt es eine Tracht Prügel!«

Auch andere Bewohner der Stadt drohen dem »Deutschen« Omar Schläge an.

Ein letzter Szenenwechsel:

Omar kommt zu Aishas Haus. Sie und ihr Mann streiten heftig. Omar zückt sein Mobiltelefon und telefoniert. Danach gelingt es ihm, den Streit der Eheleute zu schlichten.

»Es ist mir völlig egal, wenn ihr euch streitet«, sagt Omar zu Aisha und seinem Schwager. »Aber es ist mir nicht egal, wenn ihr es vor euren Kindern tut. In Deutschland haben in solchen Fällen sogar die Kinder das Recht, die Polizei zu rufen.«

»Seit du zurück bist, ist deine Schwester viel frecher geworden.« Der Schwager baut sich bedrohlich vor Omar auf.

»Ach ja?«, fragt Omar. »Ich glaube, wenn es bei euch so zugeht, wird es wohl besser sein, wenn eure Kinder woanders leben. Ich habe das in Deutschland selbst bei Freunden erlebt. Peter und Katrin. Die haben auch so wild gestritten wie ihr. Zehn Minuten später stand die Polizei vor der Türe. Sie haben gesagt: Wenn das so weitergeht, nehmen wir Ihnen die Kinder weg.«

Zehn Minuten später steht die Polizei vor der Türe. Zwei Männer vom Geheimdienst.

Erster Polizist: »Wer ist der Anrufer?«

»Ich«, sagt Omar. »Aber es hat sich erledigt. Mein Schwager und meine Schwester haben versprochen, dass sie nicht mehr streiten.«

Zweiter Polizist: »Was ist das Problem?«

Aisha: »Das Problem ist, dass es kein Problem gibt. Eine kleine Meinungsverschiedenheit, nichts weiter.«

Omar: »So ist es auch wieder nicht. Das Problem ist, dass die beiden nicht auf diese Weise streiten dürfen. Nicht vor ihren Kindern. In Deutschland –«
Erster Polizist: »Du warst in Deutschland?«
Omar nickt.
Zweiter Polizist: »Seit wann bist du wieder da?«
Omar: »Seit zwei Monaten.«
Erster Polizist: »Zeig mir deinen Ausweis!«
Omar: »Ich habe keinen Ausweis ... ich habe einen deutschen Pass.«
Zweiter Polizist: »Ich will den syrischen Pass sehen.«
Omar: »Habe ich keinen.«
Wenig später sehen wir Omar im Gefängnis. Ein syrisches natürlich. Weil man solche Angelegenheiten dort nach wie vor auf diese Weise löst. Vor allem die Araber, die außerhalb Syriens leben, können über den Film herzhaft lachen. Die anderen vermutlich weniger.

Ja, ich weiß. Die Einzelheiten zum Integrationstest C1 fehlen. ÖSD nennt sich das, was für Österreich, Schweiz, Deutschland steht. Dieses Zertifikat brauchst du, um hier als Ausländer Deutsch oder was auch immer studieren zu können. Außer du bist Deutscher. Oder Schweizer. Aber besser, wir lassen das mit dem Test. So was von absurd.

Okay. So viel: Welcher auch nur halbwegs vernünftige gelernte Österreicher würde sich all die Fragen antun?

Und dann sollen Menschen sie sich antun, die noch gar keine gelernten Österreicher sind?

Im Internet kannst du C1 üben. Mit einem Mustertest. Der beginnt mit einem Text, der heißt so:

»Die Diktatur der Uhr.«

Jede Wette, dass die wenigsten Einheimischen damit zurechtkommen. Ist ja auch kein Wunder. Bei den Blödheiten. Und so kann ich berichten: Nach nicht einmal der Hälfte der Fragen hat mich ein sehr heiliger, sehr arabischer Zorn gepackt.

Zu diesem Zeitpunkt war mein erstes Buch *Danke* bereits auf dem Markt. Und dann sitzt du dort, glaubst, die deutsche Sprache wenigstens einigermaßen zu beherrschen, und wirst mit Fragen bombardiert, die völlig am Leben vorbeizielen. Die waren eher psychologischer Natur. Wie schnell du bist. Wie aufmerksam. Und so weiter. Nutzloses Blabla. Und obendrein in einer eckigen Amtssprache, dass dir die Haare ausfallen.

Ich habe auf den Test gestarrt und gespürt, wie ich zu zittern beginne. Wie die Zahnräder in meinem Gehirn blockieren. Wie mir die Kästchen (ein Multiple-Choice-Test) vor den Augen verschwimmen. Und dann ist sehr rasch dieser Punkt erreicht gewesen:

Nichts geht mehr.

Lustigerweise habe ich dort auch eine Türkin und einen Serben kennengelernt. Alle beide haben den schriftlichen Teil bestanden. Fragen Sie mich nicht wie. Denn alle beide konnten so gut wie kein Wort Deutsch. Wie es ihnen nachher, beim mündlichen Teil, ergangen ist, weiß ich nicht. Doch sie hatten riesengroße Angst davor. Kein Wunder.

200 Euro hat der Spaß gekostet. Immerhin beinhaltet die Gebühr die Möglichkeit, ein zweites Mal anzutreten. Sollen sie sich das Geld doch an ihre alten Hüte stecken. Oder sonstwo hin. Danke nein, ich verzichte.

Apropos nichts geht mehr: Dazu noch rasch diese kleine Anekdote, die mir auf dem Nassfeld in Kärnten widerfahren ist, mir, dem Immer-mehr-Österreicher Omar Khir Alanam. Denn als solcher habe ich mich spätestens gefühlt, als ich begonnen habe, Ski zu fahren.

Ich bin natürlich noch kein Marcel Hirscher auf den Brettln, aber sehr bemüht. Trotzdem habe ich (angeblich) eine Frau gestreift. Sie (eine gebürtige Österreicherin) kam dabei nicht zu Sturz (das war auch nicht anders zu erwarten), ich selbst jedoch schon.

Ich liege noch im Schnee und versuche, mich zu ordnen, als es plötzlich stockdunkel über mir wird. Wie eine plötzliche Sonnenfinsternis, die kein Astronom auf dem Radar gehabt hat. Doch der unerwartete Schatten ist der Mann meiner »Unfallgegnerin.«

»Ihr depperten Itaker«, schimpft er augenblicklich drauflos, weil er mich wegen meines Äußeren und wohl auch wegen der unmittelbaren Grenznähe zu Italien eben für einen Italiener hält. »Ihr braucht überhaupt nicht da zu uns rüberkommen und alles über den Haufen fahren, ja?«

Dann holt er mit seinem Skistock aus und schlägt auf mich ein. Nicht fest. Nein, mehr so auf eine oberlehrerhafte Weise. So wie man mit dem Fuß ein Steinchen beiseite kickt, das in Wirklichkeit den Aufwand nicht wert ist. Was für eine Demütigung! Mir wäre lieber gewesen, er hätte mir ordentlich eine reingehaut. Damit hätte ich was anfangen können. Aber so?

Zwar entschuldigt sich seine Frau bei mir für ihren Mann, doch die Schmähung hat ihre Wirkung nicht verfehlt. An diesem Tag ist das Skifahren für mich gelaufen. Der Zorn ist so übermächtig, dass ich alle paar Meter zu Sturz komme. Irgendwie schaffe ich es ins Tal, aber fragen Sie mich nicht wie.

Ende Gelände, sagt man da angeblich, sagt Alena.

Nichts geht mehr.

Ja, und dann schulde ich Ihnen noch die Semmelanekdote von Johann Nestroy. Die geschichtlich Interessierten unter Ihnen kennen sie vermutlich. Ich jedenfalls bin darauf gestoßen, als ich zu einer Lesung im oberösterreichischen Bad Ischl eingeladen war und man mir, als kleine Aufmerksamkeit, eine Schachtel Pralinen mitgegeben hat. Inhalt: lauter kleine Köstlichkeiten aus Schokolade in Form winziger Semmeln.

Nestroy, so die Überlieferung, war verärgert darüber, dass die Semmeln immer kleiner wurden. Dass sie immer weniger Gewicht auf die Waage brachten, die Preise aber dieselben blieben. Oder sogar stiegen. Also betrat der Dichter (damals schon eine Berühmtheit) eines Tages, irgendwann in den Jahren vor der Revolution von 1848, die Bühne – und trug anstelle von Hemdknöpfen winzige Semmeln.

Die Empörung unter den Bäckern war groß. Der ganze Berufsstand fühlte sich verspottet. Weshalb Nestroy eine Nacht im Gefängnis verbringen und sich bei der nächsten Aufführung öffentlich entschuldigen musste. Das tat er. Und zugleich spottete er auf seine Weise weiter. Indem er sich bei den Arrestwärtern bedankte, die angeblich so nett gewesen waren, ihm in der Nacht durch das winzige Schlüsselloch eine ganze Semmel als Proviant zuzustecken.

Diese Geschichte hat es übrigens auch als Frage in die hier so beliebte ORF-Sendung *Was gibt es Neues?* geschafft. Dorthin, wo dieser andere Omar (Sie wissen schon, der Kabarettist) oft zu Gast ist.

Und so schließt sich der Kreis schön langsam. Nicht nur, weil Nestroy hier, in meiner neuen Heimatstadt Graz, gestorben ist. Nicht nur, weil dieser Nestroy bekanntlich sehr viel mit Österreich und Tradition zu tun hat und auch heute noch gerne auf vielen Bühnen gespielt wird. Nein, auch, weil es zu seiner Zeit nach wie vor üblich war, dass die Frauen ein Korsett trugen. Und weil das Korsett, wie ich von Alena gelernt habe, als Mieder nicht nur etwas rein Körperliches ist, sondern genauso gut etwas Geistiges sein kann.

Ya-illahi. Diese deutsche Sprache!

Ein Korsett ist also auch etwas, das seine Träger einengt, weil es sie am freien Denken hindert. Etwas, das sie im weiteren Sinne daran hindert, andere sein zu lassen, wie sie sind und sein wollen. Andere Menschen aus anderen Kulturen.

Korsette im Denken lassen das Anderssein als Bedrohung und Einengung erscheinen. Sie verhindern, dass dieses Anderssein als Bereicherung empfunden wird. Sie schnüren den Sauerstoff im Blut für die Erkenntnis ab, dass dieses Anderssein nicht die Luft zum Atmen nimmt, sondern frischen Wind schenkt, in dem wir alle, gemeinsam, zu neuen Ufern segeln können.

Wir Araber. Wir Europäer. Wir Menschen an sich.

Zu Zeiten von Kaiserin Sisi waren auch die körperlichen Korsette noch an der Tagesordnung. Sie wurden irgendwann abgeschafft. Die geistigen sind geblieben, ja, sie erfreuen sich, wie es scheint, gerade einer Renaissance.

Nehmen wir das als Butter dieser letzten kleinen Geschichte. Oder gleich als Butter dieses ganzen Buches: Wir alle sind immer auch ein Stück vom anderen, das uns fremd scheint. Und so war, behaupte ich, letztlich auch die österreichische Kaiserin Sisi auf eine sehr, sehr geheimnisvolle Weise Araberin.

»Oder hätte sie sonst«, rief ich meiner Alena zu, »mit nur 17 Jahren ihren Cousin geheiratet? Alena? Jetzt sag schon! War das nicht so? Wie hieß ihr Mann, der Kaiser, nochmal? Seppi?«

»Ja« sagte Alena. »Genauso war es. Aber er hieß Franz.«

Omar Khir Alanam
Danke!
Wie Österreich meine Heimat wurde

Nach drei Jahren in Österreich spricht er so gut Deutsch, dass er an Poetry-Slams teilnehmen kann, er macht eine Ausbildung und lebt mit seiner Freundin in einer kleinen Wohnung in Graz. Sein entwaffnendes „Danke" lässt alle Beteiligten an der hitzigen Diskussion um Zuwanderung für einen Moment verstummen.

144 Seiten, 17,90 €
ISBN 978-3990012680